艾森豪威尔 麦克阿瑟

中外名人的青少年时代丛书

主编／林 乾

编著／娄 晶 刘金洲
张白羽 唐 赞

山西出版传媒集团
山西人民出版社

图书在版编目（CIP）数据

艾森豪威尔　麦克阿瑟 / 娄晶，刘金洲，张白羽，唐赞编著.
—太原：山西人民出版社，2012.6
（中外名人的青少年时代丛书 / 林乾主编）
ISBN 978-7-203-07673-5

Ⅰ.①艾… Ⅱ.①娄… Ⅲ.①艾森豪威尔,D.D.(1890~1969)—生平事迹—青年读物②艾森豪威尔,D.D.(1890~1969)—生平事迹—少年读物③麦克阿瑟,D.(1880~1964)—生平事迹—青年读物④麦克阿瑟,D.(1880~1964)—生平事迹—少年读物 Ⅳ.①K837.127=5②K837.125.2－49

中国版本图书馆 CIP 数据核字（2012）第 067583 号

艾森豪威尔　麦克阿瑟

编　著：	娄　晶　刘金洲　张白羽　唐　赞
责任编辑：	樊　中
助理编辑：	何赵云
装帧设计：	陈　婷
出 版 者：	山西出版传媒集团·山西人民出版社
地　　址：	太原市建设南路 21 号
邮　　编：	030012
发行营销：	0351-4922220　4955996　4956039
	0351-4922127　（传真）　4956038（邮购）
E-mail：	sxskcb@163.com　发行部
	sxskcb@126.com　总编室
网　　址：	www.sxskcb.com
经 销 者：	山西出版传媒集团·山西人民出版社
承 印 者：	运城日报社印刷厂
开　　本：	890mm×1240mm　1/32
印　　张：	9.5
字　　数：	152 千字
印　　数：	1-5000 册
版　　次：	2012 年 6 月　第 1 版
印　　次：	2012 年 6 月　第 1 次印刷
书　　号：	ISBN 978-7-203-07673-5
定　　价：	18.00 元

如有印装质量问题请与本社联系调换

中外名人的青少年时代丛书

编委会

学术指导	廖盖隆	姜思毅	赵宝煦	王瑞璞
主　编	林　乾			
副主编	周知民	王国君	王　林	田　泉
编　委	王丽娟	王增宁	句　华	张守龙
	陈瑞玲	林秋朔	郑　毅	缪晓敏

编　著

于奉春	马　建	王巧兰	王立君	王　林
王　伟	王连敏	王　虹	王国君	王丽娟
王建勋	包亚茹	尹成君	孔朝蓬	厉永平
丛瑞华	冯　吉	冯志才	朱显武	刘万民
刘万毅	刘　凡	刘建华	刘金洲	刘　研
乔　伟	孙维义	江继海	杨立军	邱立君
李　平	李　利	李宏升	杜海燕	芮之帅
吴亚文	陈秋颖	范　敏	张白羽	张　帅
张春和	知　民	张守龙	张明帅	罗洪启
平	娄　晶	郑　毅	祝东平	姜维东
徐景芬	周　力	袁学哲	赵琳琳	高亚军
唐　赞	桑秋杰	翁有利	郭向宁	郭蕴兰
常　青	阎雯靖	康　赞	寇　鹏	程赫坚
程建华	睢　雪	董　蔡	翟迎春	潘宝泉
薛柏成				

编者的话

　　时光在流逝，生命在燃烧。当我同理想和希冀相伴的青少年时代依依惜别，即将步入厚重的中年时，一种"人生几何"的感喟时常萦绕于怀。遥忆往昔贫寒的童真岁月，仍愿咀嚼那涩涩的酸楚中播撒出的永生不灭的希望之火。

　　幼年的时候，家乡总共不过百种物品的"百货店"里，竟有一个柜台是专门售书的。在这里，我发现了牛顿，知道了高尔基，认识了列宁，记住了鲁迅。记得那是小学三年级的事。一天放学回来，一位女同学悄悄地对我说："供销社来了一本好书，去看看！"我们一同跑到柜台前，一看是《闪闪的红星》，价格是3角5分钱，这在当时是7个鸡蛋的价钱。我一连三天，每天放学都要去看一看那本书，很怕被别人买走。第四天，我终于鼓足勇气，对母亲说明了缘由。我怯生生地站在母亲面前，好长时间母亲没有说话，母亲那慈爱的目光一直留在我的脑海里。我拿着3角5分钱，终于如愿买回了那本书。"那一年，我7岁，听大人们说,闹革命了……"一晃,20多年过去了,当我面对苍老的母亲时,仍会清晰地记得买书的情景和书中的故事。

今天,当我踏上生于斯、长于斯又阔别多年的故土时,先要找回的还是少年的梦。还是那个位置,还是那个供销社,房屋早已翻盖一新,店主当然不再是戴着近视眼镜、眼睛一眨一眨的老师傅。除"大件"外,几乎和城里的物品一样丰富,应有尽有。可柜台里再也找不到一本书。当我看到读初一的侄子和读小学五年级的侄女的书架上,课外书几乎都是机器猫、卡通之类时,喉咙里似乎有什么东西难以下咽,心里沉甸甸的。时代不同了,教育的内容、目标和对象都在发生变化,社会改革和财富增长无疑是一个时代的进步,我没有恋旧癖,更无意美饰贫乏的年代。但当怀念起童年少年时代那种难以忘怀的景象时,内心深处总觉得我们这个社会在走向富裕的路途中还应弥补一些遗憾——强健精神的遗憾。

人无法超越生命的自然极限,但可以超越生命本身。人类正是通过他们的创造将自己的文明史推向前进。当我驻足在色彩斑斓的历史画卷前,分明感受到伟大人物的人格力量和生命的另一种延续。……毫无差错却被外公毒打；不是为了几枚铜板而是为了证明自己的勇气在棺木上睡觉；为了生生不灭的理想在阴暗的面包房里读书：这一幕幕情景仿佛伏尔加河畔不屈的少年高尔基就站在我的面前，与苦难的命运抗争。出身贵族家庭却自幼身残的拜伦，在高贵与卑贱的矛盾中让内心的苦楚升发出一种倔强、刚毅和力量。苦难的确是人生的最好教科书。当他们用心灵慢慢消受种种不幸时，也在创造一种辉煌和永恒。"青年如初春，如朝日，如百卉之萌动，如利刃之新发于硎，人生最可宝贵之时期也。"每一次记起陈独秀《敬告青年》中的这几句话，都有一种催人奋发的鞭策力量。对于不再拥有生命自然时段上的青少年时期的我，真想让心灵再走一番青少年的路：热爱生命吧！因为生命是一次性"消费"；珍惜青春吧，让青春的亮点变成一片光明，普照以后的所有生命里程。

影响人类文明史的中外名人在他们有限的生命里，创造了辉煌和永恒。他们的许许多多成功在青少年时代就奠定了基础，他们在青少年时代就怀有救国救民、立志创业的信念，这种信念强烈地影响了他们的一生。名人成功以后的事迹为人们所熟知，但他们成功之前的历史却鲜为人知，这方面的材料也很缺乏。本书对名人的家世、家教、兴趣爱好以及对其一生有影响的人和事等着墨颇多，尤其探究了中外名人之所以成功的主客观因素，我们由衷地希望这番努力对成长中、探索中的青少年会有所裨益。

林　乾

目 录

艾森豪威尔

德国人的后裔 …………………………………… 003
开明的乡村 ……………………………………… 016
成功的家庭教育 ………………………………… 032
中学时代 ………………………………………… 048
在西点军校 ……………………………………… 092
幸福家庭 ………………………………………… 124
二战名将 ………………………………………… 136
入主白宫 ………………………………………… 151

麦克阿瑟

苏格兰贵族世家 ………………………………… 161
回味无穷的童年 ………………………………… 178

意志坚强和自信的少年 …………………… 200
西点军校的"西部牛仔" …………………… 221
辉煌的军旅生涯 …………………………… 253
五星上将"壮志"难酬 ……………………… 275

艾森豪威尔

我选择了军人做为一生的事业,我就立志要成为最好的军人。

在准备作战时,我经常发现计划是不中用的,而规划则是不可缺少的。

——德怀特·戴维·艾森豪威尔

德国人的后裔

德怀特·戴维·艾森豪威尔并无显赫的家史，双亲也非出自名门望族，他的童年和千百万在 20 世纪初成长起来的孩子完全一样。他一生的经历大部分都平淡无奇。然而，艾森豪威尔却是个天生的军事家，成了军事史上的名将之一。他还是个天生的政治家。虽然他在竞选总统时已 61 岁了，仍不失为 20 世纪政绩最辉煌的总统之一。在 1941 年至 1961 年的 20 年里，艾森豪威尔在世界重大事件中起着举足轻重的作用。他是在历史上最伟大的战争结束后，领导美国人民走上和平建设之路的一位胜利的将军。

然而，在其成长过程中，他很少显露出使他成为 20 世纪深孚众望、声名显赫的人物之一的那些品质。但这些伟大的品质确实始终存在于他的身上，无论是在儿童时代和青年时代，还是当初级军官和默默无闻的参谋的少校阶段（他当了 16 年的陆军少校），都一直存在着。在他的朋友、同代人和上级中间只有少数几个有眼力的人看到他的这些品质。他自己确信一旦机会到来，他就能伸出手去把它抓住,他的父母曾对他说,这种机会是肯定会到来的。

德怀特·艾森豪威尔,生于美国开拓疆界结束之时,死于人类漫步月球之日。当他1890年10月14日在一间狭小的木板房呱呱落地时,他的父母正在美国得克萨斯州过着艰难的贫困生活。

1942年6月25日,当艾森豪威尔被任命为欧洲战场美军司令时,德国的无线电台立即广播:盟军任命一名德国人担任最高军事职务。德国人的用意十分简单,是想在盟国的士兵中间散布一种对这位美国将军的不信任情绪。因为有好多人对这位具有德国姓氏、而又不大著名的将军受到如此重要的委派都感到突然。

那么,德国无线电广播的声明到底有多大的根据呢?艾森豪威尔父系的祖先的确是德国移民。他们原来居住在欧洲的莱茵兰地区,这个姓在那儿原来是写成Eisenhauer,意思是"铁斧"。他们是宗教异端分子,是孟诺派始祖孟诺·西蒙斯的信徒。孟诺派在法国本土是受到迫害的一个教派。在"三十年战争"期间,艾森豪威尔的祖辈逃到瑞士。1741年,汉斯·尼科尔·艾森豪威尔带着妻子、3个儿子和1个兄弟自鹿特丹搭乘"欧罗巴"号船前往北美洲的费拉德尔菲亚。简略的家谱只字不提他们这次迁移的动机，不过人们猜想汉斯是出于和其他许多人同样的原因，即寻求发财机会和追求宗教自由，才离开旧世界到这个新世界来的。

　　汉斯在费拉德尔菲亚得到一座占地120英亩的农场，并在费城西面的兰开斯特县造了一幢住房。美国内战以后，汉斯的孙子费雷德里克向西迁徙了约50英里，在哈里斯堡北面的伊丽莎白维尔（宾夕法尼亚）住了下来。费雷德里克的儿子雅各布在当时是相当殷实的人家。1860年，他在那儿建起了一幢宽大的两层9室的红砖住宅，这所房子至今还在，在当时它不仅是全家人的居室，而且也是宗教集会的场所，它也可算得上是艾森豪威尔家族在20世纪前住过的最大、最有气派的宅第了。

　　19世纪初，艾森豪威尔家的人加入了孟诺派基督教教友会。费雷德里克的儿子雅各布，即艾森豪威尔的祖父，他生于1826年，长大后在伊丽莎白维尔担任教派首领的职务。这个教派名叫"河上兄弟"。因为他们大多数人居住在河岸上，绝大多数成员是普通农民。生活和衣着朴素，视战争为最深重的罪孽，这是他们的生活信念。

　　"河上兄弟"的生活相当闭塞，与世隔绝，但是19世纪60年代至70年代的暴风雨事件、美洲独断独行的主宰、资本家的坚定步调，导致教派内部从经济上分化成阶层，导致教派传统的半族长制消失。

雅各布口才很好，富于组织才能，讲道时总是吸引大批的听众，大家对他的布道产生一致的好评。他说德语，这在当时河上兄弟会中是绝无仅有的。他满脸胡须，目光炯炯有神，这使他更显得威严和受人尊敬。内战爆发时，雅各布还不到40岁。他没有参加南方同盟，因为如同大多数孟诺派的教徒一样，他是一名坚定的和平主义者，他们讨厌战争。在战争气氛极度紧张的1863年夏季，当南方的罗伯特·李将军率领弗吉尼亚北部的军队经过艾森豪威尔家乡20英里的地方，向葛底斯堡挺进时，他的妻子正身怀六甲。就在大战爆发后12个星期，丽贝卡生下了儿子戴维，他就是艾森豪威尔的父亲。雅各布把1865年出生的儿子取名为亚伯拉罕，雅各布和丽贝卡夫妇一共生了14个孩子。

内战结束后，随着铁路不断地向大平原地区延伸，西部最肥沃的处女地像磁铁一样地吸引着人们。19世纪70年代，在"河上兄弟"中间开始掀起了迁往西部的运动。因为大多数河上兄弟派的教徒们生活贫困，人口众多，又是世代务农，他们正想给子女们找个地价比宾夕法尼亚低廉的好处所。他们对铁路发起人的诱人号召作出了热烈的响应，这些发起人在宣传的小册子中把堪萨斯描绘成人间的伊甸乐园。在教派的许多成员看来，西部可使人们过上安定和富裕的生活。

1878年雅各布也被络绎不绝蜂拥而去的移民们吸引，离开了待惯的地方，随着众教徒前往遥远的堪萨斯。在1861年至1865年流血的内战中，粉碎了奴隶主统治之后，堪萨斯的大门向从北部和东部来的移民敞开了。这次迁徙大约有300名教徒参加，他们自哈里斯堡登车，携带的搬家物品足足装了15节车皮。雅各布把农场和住宅卖了8500元，以支付路费和供在堪萨斯购置土地之用。根据堪萨斯早期历史的记载，他们这支移民队伍属于组织完美、最精良的队伍之一。

他们这批人在大雾山河正北的迪金森县定居下来，差不多位于堪萨斯正中央，处于东堪萨斯费林特山通向平坦、干旱、光秃的西堪萨斯大平原的路上。从宾夕法尼亚迁来的"兄弟"是当时相当大的宗教团体，有数百人之多。迁来之后不久，他们就在堪萨斯创建了自己的学校。雅各布买了一座占地160英亩的农场，造了一幢房子、一座谷仓和一架风车。由于辛勤的劳动，勤俭持家，雅各布在堪萨斯发了家。他能赠给每个子女一份包括一座占地160英亩的农场和2000元现金的结婚礼。

他们全家迁至堪萨斯时,他的儿子戴维刚好14岁。为了使农场获得好收成,戴维不得不起早摸黑地劳动,可是他痛恨这种没完没了、年复一年的犁地、割草的农活。农场生活中使戴维唯一感兴趣的是修理机器,据邻居们讲,他是个天生的技工。他可以毫不费劲地把用坏的机器修理好。在劳动中,戴维暗下决心要当一名正式的工程师以脱离农场。为了达到这个目的,他对父亲说他要上大学念书。雅各布开始时表示反对,他对儿子说:种田是上帝的活儿。他施加了很大的压力要把儿子留在农场里。

最后,他被戴维说服了。他答应出钱让戴维到堪萨斯州兰康普顿的一所不大的学校里去读书。该校是河上兄弟会办的,在当时颇为骄傲地被称为兰恩大学,可惜现在已不复存在了。那儿既教授传统学科,又进行职业培训。戴维于1883年秋季进入兰恩大学学习,时年20岁。在学校里,他学习了力学、数学、希腊文、修辞学以及书法。他的基础数学学得很好,希腊文成绩优异(在以后的岁月里他每天晚上读的都是希腊文圣经),并开始学了点工程学。当时戴维的理想是当一名机械工程师。

1884年，即第2学年开始时，22岁的艾达·斯坦福也进了兰恩大学。艾达的出身和戴维相似，也是河上兄弟会的会员。她家于1730年由莱茵兰迁至美国，定居在宾夕法尼亚的边区，此后又向南顺着谢南多亚河谷迁到弗吉尼亚的悉尼山。1863年艾达就出生在悉尼山。她的父亲名叫西蒙·P·斯坦福，是个农民；她的母亲伊丽莎白·林克·斯坦福，在艾达很小的时候就去世了。虽然艾达本人已记不起内战时烧杀掠夺的情景，因为那时她还很小，但从小到大一直听人讲述战争故事，所以加深了她对战争的厌恶，增强了她宗教信仰中的和平主义。在她13岁时，她的父亲去世了，她便和叔父毕利·林克一起生活了9年。艾达天资聪敏，信仰虔诚，把时间大都花在书本和背诵经文上。根据她家的传统，她在悉尼山曾因背出1325行圣经而获奖励。她一生引以为荣的是，在她引用圣经时，从来就不需要去翻书，一切全都在她的脑子中。

当艾达21岁时，林克叔叔把她父亲遗留下来的一小笔财产交付给她。她用其中的一部分钱，买了火车票去了堪萨斯，因为她的两个哥哥已跟随迁徙队伍先去了堪萨斯。"妈妈去堪萨斯时，那里还很粗野"，艾达的一个儿子后来回忆说，"那儿的人根本不管女人上不上大学的事。"

故而艾达把遗产中剩下的大部分钱都用来支付兰恩大学的学费。在堪萨斯，女大学生是很少见的。在保守的弗吉尼亚出生的女人，要在西方中部进入大学读书，是需要有超人的勇敢精神和坚毅的性格，因为根据当地的风俗，妇女的地位还很低，她们应该留在家里服侍好丈夫和孩子，至于外出工作和上学那则是男人们的事。妇女只要当好贤妻良母就行了。所以艾达当时能上大学学习，那是具有非凡的胆识和毅力的。在大学里艾达结识了戴维，并爱上了他。这对年轻人的炽热感情，压倒了她自己的抱负，他们于1885年9月23日，在兰恩大学的教堂里举行了婚礼。"就母亲这一方面言"，她的一个儿子后来回忆说，"或许是不幸的。她没有毕业就遇上了戴维，并马上结了婚，开始挑起家庭的担子。"

戴维和艾达真是天生的一对。戴维高高的个子，宽宽的肩膀，体魄强壮。他长着薄薄的坚毅的嘴唇，浓密乌黑的头发，粗黑的眉毛，深陷敏锐的双眼和又大又圆的下巴，两腿修长，双手粗大有力。然而尽管外表上这样强壮有力，他却言语不多，腼腆，不善交际。而艾达的性格和戴维不同。她性格开朗，容貌端庄秀丽。她有一头金黄色的秀发，丰满的嘴唇，总是笑容可掬，宛如堪萨斯的草原和阳光那样开阔明亮，经常放声大笑，性情温和。音乐和宗教是她最大的精神寄托。婚后不久，她就用遗产中剩下的最后一笔钱，购置了一台乌木钢琴。以后一直以此自娱。她喜欢弹钢琴和唱赞美诗。她在笑后最引人注意的特征是两眼闪闪发光，这种总是在眼神中的、自然大方和愉快活跃的闪光，弥补了戴维的沉静和严肃。她的儿子们由于受到母亲的影响，他们都继承了她眼中的闪光和随时展现的笑容。

雅各布按原定计划赠给戴维现款2000美元和一座占地160英亩的农场作为结婚的礼物。戴维和艾达接受了父母的好意。因为戴维一直对农场的活不感兴趣，所以不想经营父亲给他的农场，于是就把农场抵押给姐妹阿曼达的丈夫克里斯·马瑟。结婚中断了这对新婚夫妇的学业，戴维就用父母给的钱在阿比伦南面28英里处，堪萨斯的希望村买下了一个杂货店，与人合伙做生意，字号是意味深长的"希望"，年轻的店主亲自站柜台，接待顾客。

但是戴维不走运，过了两年，经济上的灾难袭来了，这对年轻的戴维来说是晦气十足的一天，那天早晨戴维一觉醒来，发现股东携款潜逃，不知去向。这真是一场无法挽回的奇灾大祸。这位合伙人姓古德，英语中是"好"的意思，听来令人感到是对命运的嘲笑。古德携带了大部分存货和余款逃跑了，留下的仅仅是一大堆没有付款的账单。据家里人说，古德为了避债潜逃了，让思想单纯的戴维来应付债权人。在古德逃得不知去向后的几年里，艾达一直在研究法律书籍，希望有朝一日能通过法律的手段去制裁古德。不过后来并没有起诉古德，因为实际情况是，小店的本钱也确实蚀光了。那时堪萨斯正值历史上农业最不景气的时期，麦子的价格暴跌至15美分一蒲式耳，农民们无力偿付账款。戴维和古德是把商品赊销给他们的，美国的一般店铺历来是这样做的。他们遭到的失败是经济恶化的结果，他们无回天之力。

事业彻底失败了。破了产的戴维被迫去得克萨斯，为了菲薄的工资在铁路上找了个工作。这是1887年，结婚后过了两年。在这之前一年，即1886年11月11日，新婚夫妇生了个儿子，起名阿特。当戴维去得克萨斯找工作时，艾达又怀孕了，因此暂留在霍普。戴维和艾达的次子埃德加回忆说："父亲把店务交给了当时居住在霍普的律师，并且嘱咐说：'请你代我讨还赊欠的账款，偿清债务，余下的钱退给我。'"这里说的欠账，是应当向本地农场主收回的债款。轻信他人的戴维慷慨地把货物用记账方式销售给农场主。之后，戴维坚决反对赊购任何物品，执意要求自己的儿子必须量入为出。

破产后，戴维把全部财产都交付给当地的一名律师，委托他收回所有拖欠的账款偿还债务，余款则不管多少全给戴维。律师将这家命运不济的店铺的主顾们欠的债款收齐之后，竟携款逃匿了。戴维想在经商方面找出路的希望，经受了第二次也是最后一次打击，从此他已经不再作类似的尝试了。戴维从此再也不信任律师了。当他次子埃德加要当律师时，他极不高兴。

对于两次受骗，艾达也十分愤怒。艾森豪威尔后来回忆说："在她和孩子们居住在一起的岁月里，这位热情、愉快、态度温和的妇女总是无休止地告诫孩子们要提防小偷、贪污分子、骗子和形形色色的流氓无赖。"尽管艾达对这两次打击也十分愤怒，但她帮助年轻的家庭经受住了命运的打击。艾森豪威尔后来回忆说："父亲两次破产，每次母亲只是微微一笑，更加加紧工作，是母亲帮助父亲度过了难关。"

在杂货店倒闭时，艾达又怀孕了。在丈夫戴维出去找工作时，她住在希望村的朋友家里。戴维在得克萨斯的铁路上找到了一份工作，周薪 10 美元。1889 年 1 月，艾达领着两个孩子到得克萨斯的丹尼森与戴维住在一起，他们在铁路旁边租了一栋比棚屋好不了多少的木板屋住下。在1890年10月14日，就在这幢房子里，艾达生下了第3个儿子，名字叫德怀特·戴维·艾森豪威尔，后来当上了美国总统。父母亲想要个女儿，却因"又生了个儿子而大失所望"。

第3个儿子出生在哪里呢？当艾森豪威尔于1911年6月14日进入美国西点军校时，说了一个出生地点，在以后的文件上又提到了堪萨斯的另一个居民点。在第二次世界大战的年代里，当德怀特·艾森豪威尔享有卓越的军人名望时，在堪萨斯这两个城市之间，开始了一场讼诉，争夺被认可艾森豪威尔故乡的权利。

艾森豪威尔的年表文献表明他的出生地是迪金森（堪萨斯州）。

未来总统的名字也是有一番周折的。在家谱这唯一的文件中记载着他的生月，记载着艾森豪威尔家的三子名叫德怀特·戴维·艾森豪威尔。母亲艾达碰到了复杂的问题：叫一声戴维，丈夫和儿子都答应。由于这个原因，于是指定小艾森豪威尔名叫德怀特。还有一个情况也起着作用。艾达对于美国十分流行的昵称并不喜欢。戴克、鲍勃、比尔使这位主妇十分反感，总是不能使她感到满意。德怀特是个宏亮的名字。这和这个有着一对聪明、深情的眼睛，讨人喜欢的男孩相配，是再好不过的好名字了。于是我们未来总统就有了一个好听、响亮的名字：德怀特·艾森豪威尔。

开明的乡村

阿比伦，位于美国西部的一个乡村小镇，在艾森豪威尔一生的发展中起过重要作用。在以后，艾森豪威尔多次在不同场合提到过它。他认为阿比伦是一个美丽、开明的乡村小镇，它是一个表现自我和发展体力的好地方。他认为能有机会在这样一个开明的地方度过自己的青少年时代，是一件非常幸运的事。的确，阿比伦，这个偏僻的小镇培养和造就了美国历史上一位杰出的总统。

1891年，在艾森豪威尔1岁的时候，戴维和艾达带着他们的孩子回到了堪萨斯，定居在阿比伦城。在19世纪最后的10年间，阿比伦城约有5000居民。不久前修建的铁路把这个城市一分为二：南部和北部。居住在城市南部的是当地的平民百姓，他们都比较贫穷。而居住在城市北部的是家境比较殷实的市民，他们都拥有一座设备比较完善的华丽的私宅。艾森豪威尔一家居住在阿比伦城南部一间比较简陋的房屋中。

阿比伦过的是美国穷乡僻壤比较闭塞的生活。数千阿比伦市民的生活与世隔绝，他们和外界几乎没有什么往来，这里的居民自己种植蔬菜、瓜果和粮食，过着一种自给自足的生活。这个城市唯一与外界发生联系的是一条铁路，而这条铁路修建的同时却把他们自己分隔开来。这个城市的南部，肮脏、杂乱、尘土飞扬，在这里你看不到高楼大厦，有的只是简陋的房屋。阿比伦曾经是西部牛仔的首府，昔日的牛仔把它称为"甜蜜的阿比伦，它是我见到的最让我动心的、最漂亮的市镇"。只有在吉斯荷尔姆小道耽误过6个星期，赶着牛群经过得克萨斯、俄克拉荷马和南堪萨斯抵达堪萨斯—太平洋铁路终点站的人，这些经过太多的跋涉而又几乎看不到什么城镇的人，才会认为阿比伦是"漂亮"的。以前，那里的建筑物都是些板壁搭成的简易房屋和小酒铺，由于偷工减料，在屋里你就可以感受到阿比伦城夏天的灼热和干燥以及冬天凛冽的寒风。那时的当地居民是些牛贩子、娼妓、铁路工人、玩纸牌骗钱的人、酒店老板和牛仔。它变得出名，很大一部分原因是由于"野鸟嘴"希科克曾在镇上做过警察局长。但是它的闻名与繁荣只是昙花一现。当铁路向西延伸，吉斯荷尔姆小道终点也随之西迁。牛仔们一走，娼妓和酒店的老板也随之而去。到那时阿比伦才从开放的牧牛市镇变成了定居的小镇，为附近的农民提供各种服务。到了1878年雅各布来到这里时，阿比伦已没有什么特色可言了。你只能从昔日西部牛仔首府时代残留下来的痕迹中，感受到它昔日的辉煌与凄凉。

阿比伦这个地区的土地是很肥沃的，它慷慨地酬劳着与农业有着一定联系的阿比伦人。但是，对大多数的阿比伦人来说，这里并不是天堂，因为这里有气温常达40摄氏度以上的酷暑，有着热得令人喘不过气来的热浪。在雨天，你经常可以感受到什么是倾盆大雨。大雨把城市的土路冲得让人难以通行，泥泞的道路，让人感觉好像是到了沼泽地。到了冬天，日子就更不好过了，气温平均在零下20摄氏度，寒风凛冽的日子让你感到度日如年。

当艾森豪威尔一家迁到这里的时候，阿比伦已经和1867～1871年期间的牛仔旅店大不相同了。现在它是铁路的终点站，在美国的西部史上起过特殊的作用。

大批畜群被赶到这里，装进车厢，继续运往东部。在1867～1871年间，经过阿比伦运往别处的牲畜有300余万头之多。挣了钱的牛仔沉湎于有西部狂暴性格特色的传统的娱乐。沙龙和妓院日夜营业。酗酒、动刀子打架、微醉的牲口贩子间的对射——这一切都使阿比伦的居民担惊受怕。无数凶杀行为是司空见惯的现象。据报刊报道，阿比伦的亡命徒比美国任何一个城市都多。

由于凶杀案件的不断增多，居民的生活没有保障，所以有好多的居民都迁到别处去了。政府为了加强对这一地区的管理，首批警察被派到了这里，但因为这里的牛仔大多携带枪支，枪法又好，又有组织，人数又比较多，所以相比较而言，警察就显得势单力薄了。牛仔们喝酒，赌钱，玩女人，没钱了就去抢劫。在阿比伦城里，居民们人人自危，妇女们出门都没有保障。而牛仔们却没有办不到的事。首批警察到了，治安稍微有好转，但随着警察局长多克的被击毙，剩下的警察不是走了，就是不管事了，阿比伦城又成了西部牛仔的天下。这时，载入阿比伦史册的外号叫"比尔的希科克"的人，被派来当警察局长了。

希科克曾经参加过美国历史上有名的反对奴隶主的国内战争。他成了西部许多故事和传说中最有名的人物。当他在阿比伦的时候，已经有了一个令人产生强烈印象的履历表：击毙43名罪犯的记录。

新局长精通枪法，能双手以惊人的速度命中抛向空中的钱币。当这位新局长上任伊始，就发生了一起凶杀案，住在阿比伦城北部的卡拉尔先生被匪徒杀害了。原因是卡拉尔先生自己创办了一份报纸，宣传要加强阿比伦城的法制，严厉惩治那些不法之徒。由于这份报纸发行后在社会上的反响很大，所以匪徒们对卡拉尔恨之入骨，于是在一个夜晚闯入了报馆，残忍地吊死了卡拉尔。卡拉尔的死又一次拉开了阿比伦正义与邪恶较量的序幕。希科克接手了这个案子，经过调查与走访，终于在山谷中抓获了这名匪徒。希科克在宣布处死这个匪徒的前夕，他的同伙们抢劫了法场，两名匪徒跨着马分别向东西两个方向逃窜，说时迟，那时快，只见希科克双手一抖双枪同时射击，融成一响，两名匪徒同时从马上摔倒在地。人群中响起一片欢呼声。希科克从此名声大振。

希科克在阿比伦逗留的时间并不长，但在他的任期内，犯罪率有所下降，社会治安有了明显的好转。希科克还下令整顿了娱乐场所，如酒吧及赌场，所有这一切都激起了匪徒们的不满与愤恨，激起了匪徒们更加疯狂的报复。一个晚上，当希科克在一个酒吧打扑克消遣时，时间是1870年，这群匪徒包围了这家酒吧。由于敌众我寡，相差悬殊，希科克在与敌人的对射中，不幸后脑中弹身亡。阿比伦城的人们将永远怀念他。他的英勇业绩已载入了史册。

铁路很快延伸到西部。牛仔的可怕的幽灵像暴风一样同铁路一起疾驰而去。牛仔的浪漫主义在风行的美国西部小说作者的叙述中比实际情况更加引人入胜。进入20世纪七八十年代，美国的西部电影更加风靡全美国乃至全世界各国。

但是在这个城镇中继续保持着开拓西部的暴风雨时代的传统。年轻的艾森豪威尔受这种传统的教育。他的所有的传记作者都提到这一点，他一生对西部小说始终深感兴趣，每当闲暇时或工作之余，艾森豪威尔就会找来一本西部小说看一看，他的这种爱好一直保持到老年。

19世纪90年代阿比伦的主要特点是：它是一个典型的美国西部的小市镇。这对年轻的艾森豪威尔来说，意味着加深了他从父母那里学到的一切。首先，这里强调自给自足，与外界的接触极为稀少，仅限于每日火车的来往，运来东部的工业品和运走这里的麦子。除了本地的以外，用不着向政府缴多少税，政府也几乎不给这里提供什么帮助。各家自行种植蔬菜和瓜果、粮食，并自行安排各家的生活。艾森豪威尔同所有的兄弟一样，他做各种家务事：洗刷碗盏，收拾房间，整理仓库，在花园和菜地里劳动，照看小弟弟，从小就养成了自立能力。在阿比伦没有警察，因为市镇极小，人口不到4000，居民全都互相认识，又互相信得过，各家有个大小事情的，邻居们都会互相帮忙。在阿比伦没有偷盗和犯罪，社会治安很好。

在阿比伦人人都勤奋工作，把自己的事情办好。很少或者不花时间去思考问题或进行内省。在阿比伦每个人都干活，大多数人干的是艰苦的体力劳动。他们非常注意勤俭，因为他们人人都懂得劳动成果是来之不易的。他们不乱花一分钱。在阿比伦，没有失业现象，因为人人都有活干，包括孩子也有活干。年纪最小的在宅边干，8至12岁的孩子打零工，10来岁的年轻人就有正式工作了。当艾森豪威尔还是个孩子的时候，就开始工作了。暑假期间，他在油坊干一整天活。有时还要到冰窖工作。劳动使孩子们身体健壮。

阿比伦在社会观点、宗教、政治和气质方面是小心谨慎和保守的。每个人都是基督教徒，都是欧洲人的后裔，而且他们几乎都投共和党的票。他们有着强烈的地区观念，把世界分成"我们"（指迪金森县阿比伦的居民，在某种程度上范围扩大到堪萨斯州）和"他们"（指世界上其他地区的人）。阿比伦就像一个大家庭，使它的每个居民都有安全感。威胁总是来自外部，而不是出自内部，因为大家彼此都和睦相处。他们最担心的是恶劣的气候和商品价格的下跌，因为这些会给他们的生活带来威胁。

这就是说，阿比伦的保守和安全感是有风险的，即由于种麦为生而天然带来的巨大风险。麦农和为他们服务的那些小镇，完全靠运气，他们的成败决定于他们完全无法左右的两个因素：气候和价格。冰雹、干旱、蝗虫是最使他们心惊胆战的仇敌——如果不走运，一年的辛勤劳动便毁于一旦。即便遇到这种情况，人们只好耸耸肩、喃喃地说声"天意如此"，然后再重新开始；即使遇上丰收，他们也会由于价格下跌而赔钱。艾森豪威尔懂事一些后，知道了一些家庭小圈子以外的社会情况，即使在与世隔绝的阿比伦，他也很快懂得了气候变化和世界经济的重要意义。

引进现代最新技术的迫切要求，削弱了保守思想。居民们把阿比伦看作是相当现代化的城镇。在艾森豪威尔年轻时，那里的每个人都为它添砖加瓦。随着艾森豪威尔一年年长大了，阿比伦也具有了某些现代化城市的雏形。阿比伦建设了街道，铺起人行道，后来又换成水泥人行道，这使阿比伦看起来整洁了许多。走在宽敞的大街上，看着一幢幢新修的楼房，看着现代化的交通设施，昔日牛仔的风貌一点也感觉不到了。随着科学技术的突飞猛进的发展，阿比伦再也不是以前的西部小镇了，阿比伦有了发电厂，有了电灯，有了自来水，铺设了下水道，装起了电话，汽车也开始受到欢迎，初具规模的现代化工厂和设备先进的医院，在阿比伦随处可见。让艾森豪威尔感受最新的是现代化走进了日常生活，现代化的家用电器，现代化的耕作工具，真让人耳目一新。但是，阿比伦有一样还没有跟上现代化的速度，那就是文化生活。如果说文化生活略有改善的话，那也是仅限于都会的交谊舞，和野外的文化讲习会，但这些活动也是偶尔才举办一次。但不管怎么说，阿比伦具有了现代化城市的规模。

在阿比伦没有豪富和赤贫，但人们在经济收入、社会地位和个人威望等方面存在着明显的差异。铁路把小镇一分为二。随着现代化科学技术的发展，阿比伦城的一些人首先富起来了。他们当中有商人、医生、银行家、律师，他们居住在小城北边新修建的宽敞的维多利亚式的宅第里，有着富丽堂皇的长廊，高大的杨树和一片大草坪。他们的生活优裕而舒适。从远处看来，美丽的住宅就像一座座宫殿，而铁路职工、木匠、砖瓦匠、修理工们像艾森豪威尔家一样，住在城南边树木稀少的小屋子里。大人们把这种差别看作是天经地义的事,从来没有认真去思考过或评论过,而孩子们却本能地感觉到这种差别,别的孩子生活在优裕而舒适的环境中,而这边的孩子却生活在清贫而忙碌中。所有这一切不能不引起孩子们的思索。在学校中,孩子们就把自己认为"北边的"或"南边的"。结果这两部分孩子之间就展开了明确、热烈的竞争。这在以后的部分中我们还要谈到。

然而,一般来说,很少有人会想到社会阶级和社会地位的差异上去。评价男人的标准是,他是否劳动和是否按时付清账单,而对女人的评价标准是,看她家务安排得如何。在阿比伦人们普遍认为男子汉事业的成功与否,完全取决于他自己的工作能力和业务水平,没有成就的人只能责怪他自己的能力差,怨不得别人。"当时,阿比伦与外界的隔绝是政治上和经济上的",米尔顿·艾森豪威尔回忆说。口号是自给自足;凡是主动进取和积极负责的人,都会受到人们的尊重;那时还没有过激进主义。从这方面说,阿比伦还是落后和保守闭塞的。

对一位友好的观察者来说,19世纪90年代的阿比伦是和平、宁静、进步、繁荣、敬畏上帝、勤劳和有能力通过本身的努力把自己管理好的城市,正如它已经依靠自己取得的成就一样。对挑剔的批评者来说，阿比伦萧条落后，狭隘，有偏见，对文化、外地人和新思想抱有敌意。批评者还会指出，阿比伦对自己的看法是为自己服务的，在阿比伦人看来，政府似乎是天高皇帝远，可有可无的，其实政府对阿比伦的生存是极为重要的。要不是美国军队在雅各布来此前10年把这块土地上的印第安人赶走的话，那么就不会有阿比伦的今天。要不是联邦政府慷慨解囊、拨出土地建造堪萨斯—太平洋铁路，如果铁路造不成的话，那么就不会有今天现代化的阿比伦。要不是政府鼓励农产品的出口的关税政策，阿比伦就会难以出售其唯一的重要产品，那么也不会有较为富裕的阿比伦。如果没有政府，那么就不会有今日的阿比伦，也就不会有一个开明的乡村。

对在当地成长起来的一般孩子来说，阿比伦仅仅是家乡而已。然而，艾森豪威尔家的孩子当时似乎把它看成一个理想的地方，而且在他们记忆中一直是这样。尽管阿比伦保守闭塞，但它对一个成长中的男孩子来说，却是个在安全可靠、友爱和在纵容孩子气恶作剧的气氛中表现自己和发展体力的好地方。

今天的阿比伦是个什么样子呢？现在在整洁的、平静的、隐没在绿荫中的阿比伦，西部的传统仍旧得到拥护和尊重。但昔日的牛仔风格已经看不到了。在城市里建造了艾森豪威尔纪念性建筑群落。在一个不大的广场上，在艾森豪威尔度过青少年时代的住宅旁边，建立起用大理石装饰的用最新技术设备装备起来的艾森豪威尔图书馆和博物馆。图书馆中收藏的图书量，在阿比伦城中是最多的。可算得上是阿比伦藏书最多、种类最齐全的图书馆。在艾森豪威尔博物馆中，收集了艾森豪威尔从童年到青年，在阿比伦生活时所使用的最珍贵的纪念品，用它来激励后人奋发向上不屈服于命运。在阿比伦城，还有艾森豪威尔的俭朴的墓地。由于艾森豪威尔一生都不能对他的故乡忘怀，他常说阿比伦是培养他的摇篮，他一生好多难忘的时光都是在这里度过的，他喜欢这个小城。所以，当他在1969年3月逝世以后，他的遗体被安放在这个古朴而美丽的小城中。因为阿比伦埋葬着美国历史上最伟大的人物之一，所以昔日名不见经传的小城，如今变得热闹、繁华起来。来自美国各州乃至世界各地的游人，从四面八方来到这里，来一睹昔日伟人曾经生活过的地方。所以一年四季在纪念碑的汽车停车场上，你可以看到挂着美国各州牌照的汽车，阿比伦因为培养了一位世界伟人而名扬天下。

如今在阿比伦这座现代化的城镇，还保存一个类似博物馆保护区的"古城"。沉重的大门通往小院的深处，它的周围是具有19世纪美国西部建筑式样的独特的矮小木屋。在"古城"境内甚至还有沙龙。在这里能以相当便宜的价格吃一顿便餐，这是以广大顾客为对象的当代美国风味菜肴，深为广大游客所喜欢。每逢星期日为旅游者在这里举行"射击"表演。游客们对射手们的高超技艺深为叹服。射手们在规定的时间内，可以准确无误地完成难度不等的任务。射手们双手以惊人的速度命中抛向空中的钱币，再现了昔日希科克的风采。

下面是射击、表演的一个场面：这是6月中旬的一个闷热的星期天。在"古城"前，外地的游客成一字形散开，他们急忙占据了一个理想的位置，以便能将即将出现的场面尽收眼底。一些体格匀称的小伙子，不顾酷暑和潮湿，穿着传统的牛仔服装，束得紧紧的宽腰带上佩着19世纪样式的沉重的柯尔特式手枪。射击的参加者挂着陈旧的温柴斯太尔式来复枪，与无数观众亲切交谈。

表演开始了。"牛仔们"轻松地越过障碍物——巨大的围墙，从一个房顶跳上另一个房顶，向"古城"的沙龙和其他建筑物冲击。参加表演的"伤者"和"死者"从三四米高的木屋上跌落下来,表现出训练有素。在静寂的由于闷热而使人感到懒洋洋的阿比伦上空响起了阵阵枪声。"古城"被一团团硝烟所笼罩。当硝烟消散时,地上、房顶和棚顶上、转墙上"尸体"横陈,这是些敢于冒险扰乱阿比伦沉睡般的宁静的人。

抬来了木制的棺材,获胜的"警察局长"把倒下的敌人"尸体"放进棺木。"警长"对着暴徒头目的棺材发表简短的讲活。讲话的要点是,虽说杰姆是个匪徒,但他是个勇敢的和正派的汉子。他从不做伤天害理、无故伤人的事情。"警长"讲完话后,深表同情的警察将一束美丽的鲜花放进敞开的棺材里。"死者"在棺材里将身体稍微抬高一点,表示感谢地从"警察"手里接过花束,接着又躺在原来的位置上。

观众兴高采烈地鼓掌和吹口哨,表示对这场表演完全满意。邻近的一位身材高大健壮、操着南方口音的青年向他附近的一个游客问道:"'警长'扮演的希科克,演得真棒,不是吗?"

艾森豪威尔一生热爱阿比伦。他喜欢来到这座城市,拜会一下老朋友,去咖啡馆坐坐,再到故居看一看,到他曾经工作过、学习过的地方转一转。他每次回到阿比伦都倍感亲切。他爱这座城市。这座城市使他想起了他的父亲，艾森豪威尔对他父亲的评价是："他是一个正直的人，很受人喜欢，他也是一个善于思考的人。"这是他对父亲一生的评价。每当他想起父亲时，他还会想起他一生中最挚爱的母亲。母亲是在阿比伦去世的，当时艾森豪威尔是美国陆军参谋长。"她是一个劳动者，一个管理员，一个教师和向导，一个确实杰出的女人"，艾森豪威尔这么说到她。由于在阿比伦长眠着他一生中最爱戴和最尊敬的父母，这大概也是他爱阿比伦的另一个原因。

艾森豪威尔军职迅速升迁惊动了阿比伦。写给盟军最高司令长官的书信和拍来的电报川流不息地涌往欧洲，艾森豪威尔始终认为答复这些书信和电报是他的职责。所以他从不懈怠，总是非常认真地处理这些信件。

有一次，兴高采烈的阿比伦人甚至举行了艾森豪威尔节。这位著名老乡的大量肖像装饰着这座城市的房屋。有一位朋友写信告诉艾森豪威尔说："这是一些最蹩脚的肖像。肖像上你的嘴巴像布朗，而面貌却一点也不像你。"

阿比伦对艾森豪威尔的尊敬使他深受感动。当他知道要举行艾森豪威尔节之后，他给同乡写信说："如果阿比伦人试图过分颂扬我和以封号相称，而不是直呼我的名字，那么当我回家之时，将会感到自己是个外来的人。军衔最大的弊端是使人孤立，这会妨碍友谊。我想在家中，同老朋友在一起。"大概由于这个缘故，当他在阿比伦的时候，从来不穿将军服。

阿比伦在艾森豪威尔一生中的关键时期起到过重要作用，而艾森豪威尔也深爱这座城市。1947年艾森豪威尔出自内心地谈到他所喜爱的阿比伦这个小镇，他说，"阿比伦提供了健康的户外生活环境和必须工作的要求这两个条件对阿比伦这样一个社会的存在起着保障作用。它在消除财富、种族和宗教信仰所造成的偏见，和坚持鼓励正直、作风正派和关心他人的价值标准方面，胜过我们见过的任何其他社会。我们学校的民主精神……同样有助于强调对工作和成就的尊重……有机会在一个开明的乡村地区度过青少年时代的年轻人，是幸运的。"

成功的家庭教育

德怀特·艾森豪威尔于1890年10月14日，出生在得克萨斯州丹尼森铁路线附近一个租来的房间中。在艾森豪威尔呱呱坠地时，他双亲所拥有的财产就是日常所穿着的衣物，一些家用物品和一架乌木钢琴。这架钢琴是艾达最喜欢的东西，但这时没能带来，把它留在了希望村。到艾森豪威尔出生时，戴维和艾达已把一笔可观的遗产花费殆尽。他们已有了3个孩子，而发财致富的机会却极为渺茫，但他们身体健康，有牢固的家庭联系和决心。家族里人在他们困难的时候都跑来支援这对年轻夫妇，使戴维和艾达能从头开始。此时，克里斯·马瑟在贝尔·斯普林乳品公司在阿比伦新办的一座工厂当上了领班。这家工厂是河上兄弟教会的产业。马瑟给戴维在厂里找到一份机修工的工作，月薪50美元。比在堪萨斯铁路上工作，要挣得略为多些。但是"要做他感兴趣的职业的想法越来越强烈地吸引着他"，于是戴维不假思索就接受了。当德怀特还不满一周岁时，全家又搬回了阿比伦。当艾森豪威尔一家踏上阿比伦火车站站台时，戴维口袋里的全部家当是 24.15 美元。

艾森豪威尔一家搬回阿比伦以后，因为没有房子住，他们就临时在城东南第二街租了一幢木屋，房子和院子都很小，小得连这些处于发育阶段的孩子们活动的场所都没有。艾达抱怨她花在从邻家院子里把孩子赶出来的时间实在太多了，这把孩子和她自己都搞得很紧张。这时艾森豪威尔一家的生活十分简朴。父亲戴维菲薄的工资刚刚够购买一家人最必需的物品，而需供养的人口却越来越多。1892 年生罗伊，1894 年生保尔（在襁褓中就夭折了），1898 年生厄尔。5 个健壮的男孩挤在一间小屋里，生活上确实很艰难。而当孩子们一天天长大时，屋里小得几乎转不过来身。他们的家族又一次帮助他们解决了困难。戴维的兄弟亚伯拉罕在东南第 4 街 201 号拥有一幢两层白色木屋，坐落在 3 英亩的一块土地上。亚伯拉罕还打算向西迁移，因为他们兽医在那里更有成名的希望。而父亲雅各布一直和他住在一起，这时年事已高需要有人照料。他的哥哥戴维恰好需要大一些的住房。于是亚伯拉罕提出把房屋出租给戴维一家居住，租费特别低廉。如果戴维和艾达要买下这座房子也可以，交换条件是父亲得留在戴维家，由他们照顾。戴维和艾达接受了亚伯拉罕的好意并且欣然同意照顾父亲。于是在1898年，戴维全家搬进了较为宽敞的住所。

迁入新居大大改善了艾森豪威尔一家的物质生活条件。新房子外表漂亮、清洁、整齐，刷着白色。内部则是设备完善，舒适的住所。这座两层住宅的房子虽然也不大，但是在年仅7岁的德怀特、他的兄弟和双亲看来，却不啻是座宫殿。它有一个地下室，两层住房和一个顶楼。前客厅可放置艾达的那架钢琴（它总算是有个永久的家了），屋后有座牲口棚，上面可堆放草料，下面饲养家畜。他们用节省下来的钱购买了一匹马，用以耕地和拉车；两头母牛，用来产奶；还喂养了些鸡、鸭、猪、兔等提供蛋、粪和肉食的动物，还有一间熏房用来熏肉。3英亩的土地除去种植饲料外，余下的地足够辟出一块很大的菜地。菜园里长着樱桃、梨和苹果，还有一个葡萄棚。每个孩子，包括1899年出生的最小的弟弟密尔顿在内，都分到了一小块菜地。孩子们自己播种，自己锄草，自己耕耘，自己收获。收获后，要挨家挨户去兜售。兄弟几个将水果和蔬菜装满小推车，运到城北富裕的住宅区去。阿比伦报纸的编辑哈格追忆说，他们"将这些东西卖掉，用挣得的钱购买衣服和学习用品"。这是一件不大愉快的差使,富裕人家的主妇吹毛求疵地翻动车上的水果和蔬菜,她们议论蔬菜的质量,对待卖主说话盛气凌人。研究艾森豪威尔生平和活动的作者马库斯·蔡尔兹写道,这是"兄弟们最憎恨的活儿"。但是德怀特最能胜任这项工作。"艾森豪威尔一生中最突出的特点之一是他的适应能力"。当阿比伦显贵的主妇们无情地压价,要对孩子们用双手培育的蔬菜硬是减去几分钱的时候,这种伤害孩子们自尊心的买卖能令人记住一辈子。事隔多年之后,当艾森豪威尔在谈到他自己同麦克阿瑟之间的差别时说:"他是贵族,我则是平民出身……"

孩子们在良好、和睦的家庭里成长。艾森豪威尔几个弟兄说,他们不记得父母之间有吵架的事。兄弟中间大概只有艾森豪威尔脾气急躁,但是家中的生活方式使大家惯于遵守纪律,使艾森豪威尔从小养成了自控的习惯。

家中的小农场由母亲艾达来经营。她把生产的水果、蔬菜和肉类装罐贮藏,以备以后食用。因而除了像盐和面粉之类的基本必需品需要购买外,一般来说,他们用不着上食品杂货店去购买东西。戴维在乳品厂一周6天都从早晨6时一直干到晚上6时,挣的钱,没有超过每月100美元。尽管挣的钱不算多,但是因为这项工作是戴维喜欢的,所以戴维工作起来也不感到枯燥、无味。

艾森豪威尔一家深受镇上居民的尊敬。他们为人和善,自食其力,戴维很快还清了一切债务(自从希望村小杂货店倒闭以后,他一生都怕欠债)。这是因为艾达是一位贤妻良母,而且孩子们个个都有教养、勤劳、开朗和诚实,所以博得邻居们的喜爱。但他家绝不是一个显赫人家。戴维不竞选官职,亦不担任镇里的公职。他在当地经济活动和政治活动中是微不足道的。只有当他儿子毕业、结婚或者他本人退休时,才在当地的报纸上见到他家的大名。对此艾森豪威尔一家已感到十分满足了。由于收入不多,双亲省吃俭用,生活过得较清苦。但就是这样,他们也都感到挺自豪的。1952年6月4日,艾森豪威尔在阿比伦他老家对面的艾森豪威尔博物馆的奠基典礼上发表讲话时说:"后来发现当时我家是很贫困的,但是美国引以为自豪的东西,我们那时并不知道,我们所知道的只是我们的双亲——极其勇敢地——对我们讲的话:在你们的周围到处都是机会,伸出手来抓住它。"

总的来说,在遭到小杂货店倒闭的灾难以后,戴维和艾达他们自己再也没有伸出手去抓住这样的机会,而是把他们自己一度曾经有过的希望寄托在自己的孩子身上，教导他们的儿子们要诚实、自力更生、正直、笃信上帝和有上进心。他们要孩子们在比阿比伦，甚至比堪萨斯更广阔的天地里去创业、去奋斗。他们使孩子们有这样的感觉，如他们的一个孩子后来说的："如果你待在家里，人家会一直把你当作孩子来对待。"

与过去决裂并不意味着放弃宗教信仰，或割断与宾夕法尼亚州德国裔人之间的牢固的家庭联系。在艾森豪威尔家中，宗教不只是信仰，而且也是神圣的传统。膜拜上帝是艾森豪威尔一家生活的中心。每天早晚两次，全家都双膝跪下祈祷。每次就餐前由戴维朗读《圣经》，接着便祈求上帝降福。正餐后，他又拿出《圣经》来读。当孩子们长大以后，就由大家轮流读。在有空的时候，艾达组织沃奇托尔团体的读经班学生们集会，每星期天在她家的客厅里举行。艾达弹着钢琴领唱。戴维和艾达从不吸烟或饮酒，不打牌，不骂人，也不赌博。在家庭的熏陶下，艾森豪威尔于1953年在华盛顿受洗礼加入全国长老会。他在1948年声称："我知道，我是宗教信仰最强烈的人。没有信仰，没有人能经受住6年战争。"他相信祈祷的力量和神的指导。作为总统，他创立了各教派共有的"白宫祈祷早餐"和内阁会议开始时做祷告的惯例。

　　孩子们从父母那里所获得的不仅是品德和对上帝的虔诚。父亲戴维是一个有学问、博览群书的人。他熟练掌握英语和德语，能流畅地阅读希腊文书籍。他做事负责，一丝不苟。好静、沉着的戴维没有时间与儿子去谈为了在世界上争得一个位置所应有的道德和必须劳动，他只是以自己的榜样来证实这一点。他对孩子们定有严明的纪律。有人说戴维是位典型的德国父亲，是不容置疑的一家之主，顽固、严峻、脾气急躁，令人望而生畏。在所有全家合影的照片上你都可以看到一位严厉的、英俊的人，但是没有能在一张照片上见到有笑容的戴维。孩子们后来回忆时都说，他们从未听到过父母亲互相大声呵斥，甚至连提高嗓门说话的事也没有过；从未听到他们在家庭、社会或经济问题上有过争论。理由很简单：戴维作出的决定，艾达全部接受，样样事都按他的要求办。对他言听计从，助长了他的自负心理，一家人都得听从他的意见。孩子们一长大，就轮流在4时半起身把厨房里的炉火生旺，给父亲准备早餐；之后备马送父亲上班。到中午时，他们要把热气腾腾的午饭送到乳品厂。当晚上戴维回到家里时，艾达已把晚饭准备好。兄弟几个自幼就养成任何事情都要干好的习惯。"家规是很严的。如果孩子中有谁干活干得不好……即使时间已经很晚了,也要打发去重做。"吃完晚饭后,孩子们要把碗碟洗涮干净;之后,大家就围着戴维一起读《圣经》。"最后睡觉的时间到了",厄尔回忆说,"这时父亲便站起来给墙上的那台时钟上发条。无论你在哪儿都能听到时钟的嘀嗒声。每当父亲开始上发条,就该准备去睡觉了,这是睡觉时间到了的信号。"

　　孩子们对戴维不大亲昵,还有点怕他。戴维态度冷漠,很少关心年轻孩子们取得的成就和遭到的挫折,难得和他们一起谈谈他们的活动、希望和梦想。他做事总是一丝不苟,写字台总是整理得干干净净。他不允许孩子的房间搞得杂乱无章,屋子里其他的房间更不用说了。当孩子们忘了搞家务事时,或者干得不像样,或者行为有不检点的地方时,艾达一般总是当场打几下屁股了事,除非错误比较严重时,她才警告他们说,"等晚上爸爸回来时,我一定告诉他。"所以,埃德加回忆说,"父亲成了大家心中的凶神恶煞……他把在家里揍孩子一本正经地当回事来干。他搞到一根槭木条,真的用它来抽我们。当我们长大了,并开始反抗时,父亲抽得更凶了。"

　　艾森豪威尔对父亲最不能忘怀的是有一次父亲真的大

发雷霆。戴维的次子，埃德加，决意仿效兄长阿特的榜样。阿特是15岁离家碰碰经商有无运气。埃德加瞒着双亲在当地的一位医生那里工作了数月之久，并且得到了一些报酬。对父母他则说在认真上学。一天父亲突然回家来吃午饭，发现埃德加逃学在家干零活。"我从来没有看到过他发这样大的脾气"，艾森豪威尔追述说，"他面孔铁青，二话没说，随手操起一件马具，就打了起来。"艾森豪威尔这时才12岁，看到父亲这样打埃德加，他朝着父亲大声喊叫要他住手，眼看着喊叫无效时，他便纵声大哭想把艾达吸引到牲口棚来。最后，艾森豪威尔潜到父亲的背后，试图抓住他的手臂好让他停下来。戴维转过身冲着他怒不可遏地喊到，"怎么，你也想来几下吗？关你什么事？"

"我认为不管什么人都不应该像这样抽打他。"艾森豪威尔哭泣着说："就是一只狗你也不能这样打。"听完艾森豪威尔的话，戴维愣了一下，放下皮带，转身气呼呼地走了。

"好在孩子们和父亲见面的时间不多。母亲是我们一生中受其影响最大的人。"艾森豪威尔回忆说："家中，艾达起着重要的作用。她督促孩子们干家务活，为孩子们做饭，给他们添新补旧的，孩子们受到伤害时她就去安慰，取得成就时，她就来赞扬，是她使这独裁式的家庭里的气氛变得轻松。最小的孩子密尔顿说："父亲和母亲互相取长补短。母亲是位有个性的女人，她欢乐，愉快。父亲则十分威严。"艾达笑口常开。她常常是一副笑脸，爱同情别人。和戴维一样，她对孩子们要求很高；和戴维不同的是，她给予孩子们的多。她有着天生的组织能力。她把孩子们分散到几个房间去睡觉，大大减少了晚上睡觉时发生争吵打架的事。她让孩子们轮流做家务事，这样，每个人都学会了做菜煮饭，打扫房间和马厩，养鸡，洗衣，和在菜地里播种、施肥、除草、收割。她还冷静和有效地为孩子们解决数不清的纠纷。艾达不仅在家中起着十分重要的作用，而且她还常常腾出时间和匀出精力来帮助更加困难的人们。甚至经常在夜晚，宗教团体的成员中有人来敲艾森豪威尔家的大门，诉说发生的不幸。要求艾达出个主意和给予帮助，她从不拒绝。埃德加回忆说："我晚上起来过许多次，有时赶上刮大风或下雨天，提着灯和母亲到患病或需要帮助的邻居家里去"，艾达在做这些事时，她从来没有表现出厌烦。她总是用她特有的女性的耐心和温柔去帮助那些需要她帮助的人们。当有些病人家庭没有钱，请不起医生时，艾达从没有犹豫过从她那并不充裕的家用中，拿出钱来，帮助他们。埃德加回忆说："我们大家都从母亲那儿学到了一点服务精神，母亲是我们的榜样，我们从她身上学到了什么才是真正的助人为乐。"

在艾森豪威尔的家庭中，由于受到传统的河上兄弟教派的影响，对待战争如同最深重的罪孽一样，认为它们是应该受到诅咒的。和平反战情绪是十分强烈的。据艾森豪威尔回忆说，母亲艾达十分仇视战争。她说战争"能把人变成野兽"。艾达千方百计地用这种反战情绪来影响她的孩子们。

戴维和艾达对孩子们的发展前途是很开通的。虽然他们对孩子们要求很严，但他们从不过多地把自己的想法强加给孩子们。当厄尔 16 岁时，他决定离开家开始独立生活的时候，父亲平心静气地向他说明怎样才能安全到达最近的城市，什么样的天气最适宜于上路。戴维甚至指出他认为最易找到合适工作的地点。母亲则提出要厄尔在出发前带上为他准备的在路上吃的三明治，儿子坚决拒绝双亲的任何帮助，并声明他从此永远自己照顾自己。在朝着最近的农场走了约一英里之后，厄尔终于改变初衷，回家来吃饭，谁也没有嘲笑或教训他。

在家庭教育中，戴维和艾达总是鼓励孩子之间开展竞争，鼓励孩子们争第一。开展竞争在一个有6个男孩的家庭中是再自然不过的事了。比如看谁能先把这件事做完而且做得最好，看谁跑得最快，谁跳得最高，谁能把盘子洗得更干净，谁举得最重呢，谁能朗读《圣经》一字不错？每天在各方面孩子们都能互相比高低。在父母的鼓励下，孩子们都想称雄称霸，相互竞争，相互打架，争当头儿。

有一天，有几位亲戚来他们家做客。艾达陪着他们在聊天。突然院子里传来了孩子们的打架声，亲戚们告诉艾达艾森豪威尔和埃德加两人打起来了。艾达像没有听到一样，继续和他们闲聊。亲戚们急了，问艾达为什么不去把他们给拉开呢？艾达微笑回答说："孩子们大了，可以自己解决自己的事情。如果父母干涉得太多了，对他们的成长没有好处。"有一次艾达在厨房里烤面包做午饭，艾森豪威尔和埃德加在厨房里当着艾达的面打起来了。一会儿，年纪较大、身体健壮的埃德加骑在了趴在地上的艾森豪威尔身上，饱以老拳。"服不服？"埃德加大声问。"不服！"艾森豪威尔喘着粗气回答。埃德加一把抓住艾森豪威尔的头发，把他的头砰砰地朝地面上撞去。厄尔冲进来帮艾森豪威尔，艾达站在炉子边，连头也不抬，厉声对厄尔说："让他们打！你别管他们。"

父亲戴维鼓励孩子们自己起来抵抗，无论是在兄弟间还是对外面的孩子都一样。艾森豪威尔回忆说他父亲从不喜欢看到自己的孩子在外面打败仗回到家来。一天傍晚，戴维在下班回家的路上，看到艾森豪威尔被一个身材和他差不多高的男孩子追逐着。"你为什么被人家赶成这样呢？"艾森豪威尔委屈地说："要是我和他打起来，不管输赢，你都会用鞭子狠狠地抽我！"戴维面无表情但立即回答说，"你马上把那个孩子给我赶走。"说完戴维头也不回地走了，艾森豪威尔照办了。

戴维和艾达不娇惯孩子。埃德加回忆说："如果我们要糖果吃，母亲有时自己做；如果我们要玩具，我们通常自己动手制作。"在儿子们自立之前，家中从来没有多余的钱。阿比伦人一般都有节俭的习惯。艾森豪威尔回忆说，他们始终遵守一条简单的信条："积攒一便士就是挣得一便士。"艾森豪威尔一家懂得劳动得来的金钱的价值，他们都奉行这个传统。就拿阿特来说，当他还是个孩子的时候，就开始独立生活，在堪萨斯城的一家银行里当跑腿。由于他表现出与众不同的"认真办事的积极性"，后来成了堪萨斯金融界有影响的人物之一。阿特没有受过高等教育,却当上了一家金融公司的经理和副总经理。

给艾森豪威尔的家庭背景上涂上一层浪漫的色彩,是既容易、又吸引人这样去做的。因为戴维和艾达虽然生活在 20 世纪初阿比伦的环境中,他们把古老的为人称颂的品德灌输给孩子们。他俩可算得上是大多数美国人心目中的模范父母。他们身教胜于言传,他们把世界上优秀的东西,教给孩子们。6 个孩子在各自的事业上都有成就,这事实本身就说明了他们是一对最成功的父母,说明他们教育孩子的方式、方法是正确的。

对于父母的教育方式,小时候孩子们有些不理解,尤其是对父亲戴维的某些做法。但当他们长大以后,常有一些人来向他们弟兄询问一些关于他们父母的事情。在他们的心目中,父母是最完美的。所以他们都回答说他们的父母是最成功的父母。

他们对父亲戴维评价很高。他们认为父亲意志坚强、勤奋好学、聪明、有强烈的是非观。长大成人后,当兄弟们回忆起受罪时的情景,都倍感亲切,并且坚持认为责罚是应该的,没有当时父亲的严厉家教,就不会有他们兄弟几个今天的成就。厄尔对一位采访者说:"我深信兄弟们没有一个会违心地说他们是不应该受罚的。我每次受罚,当然都是罪有应得。"

因而，在艾森豪威尔讲完戴维因埃德加逃学而狠揍了他一顿的事后，强调说，这对他是有好处的。要不是这次父亲狠狠教训了他，那他说不定下次还要再逃的。有了这次教训，那他以后就一定不会再逃了，这使他改变了对求学的态度。要不是父亲用皮带教训了他，那他说不定不会有今天的成就，当了一名出色的律师。毫无疑问，父亲是担心自己的孩子会因逃学而自毁前途，这使他大发雷霆，给埃德加一阵毒打。

简言之，在美国内地的一个典型的小城镇上，一对典型的父母，用他们自己所特有的教育方式，培养出一些典型的孩子，孩子们个个都获得了成就，这一切都证明了在美国的普通家庭中有着潜在的伟大力量。因此，艾森豪威尔在1952年可以对阿比伦的听众说，虽然今天的世界要比他们年轻时远为复杂得多，但如果每个美国人更多地考虑发挥个人的主动精神，敬畏上帝和自立更生，那么这个世界上的许多问题都会迎刃而解的。"我认为，思考、研究和信奉这些朴实的品德会给我们带来巨大的帮助。大多数的听众，以及千百万美国人民，都会由衷地表示同意我的观点。"

这样一个家庭产生了能取得很多成就的伟大人物，他们都是些出色的实干家，对自己、对家庭，乃至更广泛地对社会和同胞都怀有强烈的责任感。艾森豪威尔家的男孩能力都很强。就米尔顿，特别是艾森豪威尔而言，真可算得上是出色的经营人才。他们接受世界的现状，运用手上掌握的工具，来提高其运转的效率。而这一切都离不开戴维和艾达对他们的影响和教育。

中学时代

在1900年7月4日,9岁半的艾森豪威尔站在阿比伦的街角上,望着中学乐队吹奏着走过去。粗看上去,他是一个普通的堪萨斯孩子,赤着双脚,穿着哥哥们留下来的旧衣服。虽然衣服看上去很破旧,穿在身上又不怎么合身,并且上面还缀满补丁,但是,它看上去却非常整洁。由于经常清洗颜色差不多已经褪掉了,但是穿在年轻的艾森豪威尔身上,却不显难看,反而很精神。他的身材和年龄很相称,一头漂亮的浅棕色的头发,黑黝黝的健康的肤色,使一双碧眼显得更为突出。他那宽大的嘴上总是带着甜甜的笑容。他的性格非常随和,是那种让人容易接近的人。乐队里的小伙子,他个个都认识。因为阿比伦城太小的缘故,所以几乎阿比伦城里的每个人,他都熟悉。凡是和他目光相遇的人,他都非常随和地——以笑容相迎,并朝他们使劲地点头打招呼。作为回报,他们也都以微笑作答,并向他招手致意。除了他父亲(戴维也不是不喜欢他。因为戴维属于那种比较严肃的人,把爱埋在心里,不善于表达，孩子们都误以为父亲并不爱他们）人人都喜欢他，并用"小艾克"这个绰号来称呼他。镇上的人都叫他的小名"小艾克"，因为他的哥哥埃德加叫"大艾克"。"艾克"一词是他本姓艾森豪威尔第一个音节自然转化而成。

如果我们仔细观察就会发现，小艾克和他同龄的小伙伴之间是有些细微差别的。首先是他精力充沛。此时这支乐队吸引了他的注意力，使他一刻不停的活动暂停了下来。那天是他第一次站着不动，平时他是一个闲不住的人，整天不是东跑跑、西看看，就是玩耍、干活、打架。他天生喜欢动而不喜欢静，要是白天让他静静地睡会儿午觉，那会把他难为死。那样的话，他宁愿躺在白杨树下，一个人懒洋洋地傻想着未来。艾森豪威尔他要走出门去，到生活中去体验痛苦和欢乐。

即使在他观看乐队行进时，也可以看出他那股精力。他的眼睛很少定着不动，眼睛不是看看这儿，就是瞧瞧那儿，生怕把什么精彩的东西漏掉。从这里，我们可以看出他是一个有着强烈好奇心和惊人的钻研毅力的人。他要了解他周围的世界，因为周围的世界，实在有太多他不了解的东西。凡是他认为不解的东西，他总要想方设法地弄清楚。他的这个特点在小的时候就表现得比较明显。当他三四岁的时候，他总是围着母亲问这问那，表现出强烈的好奇心。幸亏母亲艾达是一个温柔而有文化的人，凭着自己已有的知识和生活阅历还可以满足孩子的好奇心。等到艾森豪威尔再大一些的时候，母亲的回答已远远不能满足他的好奇心。等到他识字以后，凡是不懂的地方，他都要翻书查阅直到找到正确的答案为至。后来埃德加在谈到"小艾克"时说："要是我说外面长的那些花是荷兰蝴蝶花，而他认为是日本花时，他就会非得出去察看一番不可。如果察看还无法确定，他就会翻书查阅，直到弄懂为止。"

　　他的好奇心和注意力多数是集中在年龄和他相仿的孩子身上，这是他争强好胜的自然结果。他好斗，几乎每天都会跟人打起来。他的对手常常是年龄和身材都比他稍大的孩子。和他打得次数最多的是"大艾克"。"打架的起因都是些鸡毛蒜皮的小事"，埃德加在事后很多年说。"可能就是我俩在一起走着，开始时是闹着玩的，我想绊他一下，他想绊我一跤。谁也绊不倒谁，有时闹得过程中出手重了一些，对方就火了，于是我们你一拳我一脚地就大打出手。有一次德怀特从我这里拿走我最喜欢的一个玩具，我发觉后，就去找他要。开始时他不承认。等我从他书包中翻出来以后，就狠狠地揍了他一拳。他不服气，也回敬了我一下。我想，你拿了我的东西，你理亏，你还敢打我，我就越发生气。于是我们就打在了一起。无论怎么打，都是我占上风，最后以我的胜利而告终。"埃德加回忆说："我俩打架完全是闹着玩的。打归打，但我们从不记仇，我们是有劲没处使才打架的。我认为我俩打过架后，说不定比打架前更相互关心和帮助。"

和别家孩子的打架就不同了，艾森豪威尔后来回忆说，有一次他和邻居家的孩子因为想比试一下谁更有力量，他们决定通过摔跤来决定，结果两人谁也摔不倒谁，于是就大打出手。邻居家孩子的哥哥看着自己的弟弟居于下风就过来帮助，埃德加一看就来了气，于是他们4人就打在了一起，最后直打得他们连连求饶。像这种打架的事是很多的，艾森豪威尔家的孩子总是并肩作战一齐战斗，从不互相残杀。

在阿比伦，在"平民"的南部和"特殊阶级"的北部之间的社会对立，在这个城市各区孩子间的相互关系上，留下了痕迹。在阿比伦中学有一个传统，新入学的一年级学生要举行一次南边学生头和北边学生头的比武大会。"大艾克"在进中学的那一年比武中打赢了，结果南边学生整年炫耀不已。到了1904年，这场比武轮到"小艾克"头上。而北方的代表是任斯利·梅利菲尔德。艾森豪威尔在他的回忆录中写道，他和他的对手梅利菲尔德之间从来没有什么仇恨。为了捍卫彼此方的荣誉，他们才在一起决斗的。"拳头没有在我们之间留下任何不愉快的后果，稍晚些时候，当我见到梅利菲尔德，我们两人回想起这场拳击赛的时候，不禁都笑了起来。"

但是，这是后来的事，而在拳击赛的那天完全是另外一种情况。一大群成人和孩子把小艾克和梅利菲尔德层层围住。拳击开始时，大家认为小艾克获胜的希望不大。因为无论是从身高还是从体质上来看，梅利菲尔德都胜过小艾克一筹。梅利菲尔德是一位优秀的运动员。他个子高大，身体强壮，跑得又快，反应灵敏。而小艾克和他比起来，从外表来看，就显逊色了。拳击开始了。德怀特在开始时，竭力进攻，只见他左一拳、右一脚地开始了咄咄逼人的进攻，但所有的这些进攻都被准确的、迎面而来的拳头阻止住。经过半小时比赛后，两个青年人都开始泄气了。一小时后小艾克的眼睛由于严重淤血而肿胀起来。"拳击手们"体力消耗严重，开始气喘吁吁，嗓音也开始变得嘶哑了。先前观众们还对精彩地方报以热烈的掌声，可到了这个时候，观众们都保持了沉默。这不仅是一场技术和力量的较量，而且是一场荣誉和毅力的较量，好多观众都不忍看下去了。一个女孩从头几排观众中挤过去高声喊道："为什么你们谁也不住手呢？别打了，快住手！"两位拳手谁也不愿先住手，因为谁先住手，就意味着谁的失败，而他们不仅是代表个人、为个人的名誉而战，而也是代表了一个部分即"北部"和"南部"而战，是为集体荣誉而战的。

鏖战持续到天黑才告罢休。在艾森豪威尔成名以后，几乎每一个阿比伦的居民都声称自己当时亲眼目睹这一场空前激烈的搏斗。艾森豪威尔和梅利菲尔德两个人都被打得鼻子流血，嘴唇破裂，耳朵也被撕破了，双眼肿得几乎什么也看不见了。最后，两个人几乎已经动弹不了了，用双手久久地相互抱住对方，谁也不愿让步。到最后，大家把他们分开的时候，梅利菲尔德气喘吁吁地说，"艾克，我没法打赢你。"艾克也气喘吁吁地回答，"我也没法打赢你。"

小艾克回到家里，一下子便倒在床上。艾达用热毛巾敷在他那打肿的脸上，想减轻点他的痛苦。戴维忍住笑，阿特说："德怀特像父亲。尽管被打得皮开肉绽，但从不屈服……他有着父亲的执拗。他顶得住……从不流泪。"艾达和戴维对这件事的态度还是支持的，他们认为在这种环境中能使孩子的性格得到锻炼。艾克被打得很厉害，以致在家中躺着休息了3天，而且还旷了课。他懂得了在生活中应该具有比忍耐力更重要的东西，需要有不屈不挠的精神，为此需要付出代价。

德怀特还继承了父亲戴维的暴躁性格。他一发火，什么都不顾。肾上腺素流遍全身，怒发冲冠，满脸通红，似乎只有毫无约束的暴力行为才能使这怒气消退。1900年圣诞节前夕，父母亲允许阿特和埃德加去远足。小艾克也想跟着去玩，但戴维不同意，小艾克和父母说尽好话，苦苦哀求要跟着去。但他们就是不同意，理由是因为他年龄太小了，怕哥哥们照顾不了他，走那么远的道，父母不放心。小艾克气极了，他一下子冲到外面，看到外面没有什么东西可以泄气的，就捏紧拳头往苹果树上狠狠打去，他一面哭一面打，直到双拳血肉模糊。最后父亲抓住他的双肩推搡他，直到他能控制自己时为止。

小艾克又恨又怒，倒在床上，脸埋在枕头里哭了一个小时。他母亲走进房里，坐在他身边。她拿起他的双手，给他涂上止痛药膏，扎上绷带，直到他完全平静下来以后，她才说："能控制自己感情的人要比能拿下一座城市的人更伟大。"她接着告诫说，发怒是自我毁伤，对解决事情是毫无用处的，说他是所有的孩子中脾气最坏的一个，必须好好克服。太多的仇恨情绪对他没有好处的，他必须克服掉这种坏脾气。这件事对艾森豪威尔的影响非常大，他把这个时刻称为他一生中最有价值的时刻之一。从此以后，他努力避免憎恨或公开诋毁任何人。等到他就任美国第34任总统后，人们给他的评价就是，说他是一个和蔼、爱社交、庄重而可敬的人，他不愿说任何人的坏话，他的脸上常常带着微笑。他的微笑反映了他通常是愉快而乐观的性情。有时他也会闷闷不乐或暴跳如雷，但决不会持续很久。

然而，要控制自己不发脾气，并非一朝一夕的事。在拳打苹果树这件事后两年，当时艾森豪威尔12岁，阿特16岁，阿特因为一件事把艾森豪威尔惹火了，艾森豪威尔愤怒异常，但因为阿特个子比艾森豪威尔要高许多，艾森豪威尔打他够不着，这口气又不能不出，所以，当时他在地上抓起一块石头，朝着阿特的头狠狠打去，只因阿特把头一偏把这块石头让过去了，要不后果不堪设想。后来，艾森豪威尔回忆说，他当时是气极了，石头确实想打中阿特以泄气忿。

艾森豪威尔难以控制的另一个特性是鲁莽。1898年，春季雨水特别多，以至于大雾山河水溢出堤岸。就在洪水泛滥的第1天正午不久，艾达叫大艾克和小艾克给戴维把热腾腾的午饭送到奶酪制品厂去。当时因为涨水了，孩子的好奇心驱使他们想去看看水涨到什么地方，于是，他们拎着饭就拐到了铁路防洪堤上观看洪水。在岸边上，他们看到有一只破船。也许是因为船坏了，所以既没船桨，船主人也不在。于是他们毫不犹豫地找了一根粗木头当船桨，把饭放到堤上，就跑到船上划了起来。他们划着桨迎着混浊的洪水旋涡游荡。岸上其他的孩子看到挺好玩的，也都纷纷跳上船和他们一起划起来。后来，上来的孩子越来越多，超出了船的承受能力，船被他们压得沉没了，洪水灌进了船舱。孩子们哭着喊着往外爬，一时间乱成一团。大人们被孩子们的哭喊声惊动了，纷纷跑来营救。在大人们的帮助下，孩子们脱险了。等到大小艾克被别人从水中救起时，他们全身都湿透了，满身的泥水。惊险过后，他们才想起给父亲送饭的事。一问才知道已经是下午1点半了，午饭时间早过了。而再一找饭盒也不见了，是在忙乱中丢掉了。他们两人拖着沉重的步子，硬着头皮回到了家里。这时艾达已听说了沉船的事，正在家里为孩子担心。看到他们平安回来了，一颗悬着的心放下了。但为了让他们记住这次教训，她命令他们到后门廊去脱掉衣服，用一根槭树条，狠狠地把他们打了一顿。正如埃德加回忆的那样："这次洪水，我将永世不忘！"

年轻的艾森豪威尔达到精通程度的四项活动是探险、狩猎、钓鱼和烹饪，另外还有玩牌。这几项在以后的岁月中一直是他的癖好。作为男子汉，没有其他事情比进入陌生的地区，去领略一下大自然的风光，去饱览一下西部草原的粗犷和豪放，去探访一下原始部落的祖先，更让人心旷神怡的了。他喜欢纵马在一望无垠的草地上驰骋，打上几只小松鼠或者到清澈见底的小溪中去捕几条小鱼，在篝火上烹煮。最后玩一阵子马拉松扑克或打几圈桥牌以结束一天的活动这类事，更让他感兴趣。

在艾森豪威尔家的对面住着一位达布利。据说，他在青年时代曾是著名警察局长希科克的助手。他对往事的追述简直把年轻的艾森豪威尔迷住了。艾森豪威尔缠着达布利一遍又一遍地讲述昔日西部牛仔和希科克的故事。艾森豪威尔崇拜希科克的勇敢和机智，羡慕希科克的枪法。艾森豪威尔常常同达布利和市警察局长亨尼·恩格尔一起到郊外去，看他们练习射击。有时他得以实现所有孩子的夙愿——用真枪射击。这更增加了他对射击的兴趣。

　　但是艾森豪威尔最崇拜的人物是鲍勃·戴维斯。戴维斯多年旅行，做过向导、猎人、渔夫。他是一个单身汉，哲学家。艾森豪威尔回忆说，"他是我的真正的老师"。这位"老师"年纪50开外，以在禁猎地区偷猎为生，在斯通希尔河里撒网，将捕得的少量鲜鱼在市场上出售维持生活。戴维斯喜欢小艾克和他做伴，总是把他请到自己帐篷里去玩，教他如何玩平底船，在阴雨连绵的时候如何识别方向，如何识别周围的山坳和溪流，教他怎样打猎、捕鱼和设陷阱，怎样把猎物烧着吃，以及怎么玩扑克牌。尽管戴维斯不识字，但他却对玩扑克牌十分精通。戴维斯遇到了一个机灵、聪慧的学生，艾森豪威尔很快掌握了这种风行的玩意儿的全部深奥道理。随着时间的推移，他的技术达到高度熟练的程度。在以后的30年里，艾森豪威尔在世界各地的军事基地上总喜欢玩扑克游戏。他打牌时全神贯注，总是每局必胜。最后当他发现这招致了玩牌的军官们对他产生痛恨情绪时，就再也不玩了。接着，他又开始学打桥牌。他喜爱桥牌几乎达到了狂热的程度，当然他又成了一名出色的桥牌手。艾森豪威尔一生酷爱玩牌。这给他的政敌提供了根据，说艾森豪威尔总统常常把打扑克、玩桥牌、打高尔夫球看得比处理政务还重要。

艾森豪威尔在他家对面的林肯小学念书，该校各课都强调死记硬背。"冬天各个教室里阴沉昏暗，一片单调乏味的朗读声"，艾森豪威尔在回忆录中写道，"……要么我是一个没有生气的学生，要么我学的是无生气的课。"总之，艾森豪威尔在小学时的成绩并不出色，那些死记硬背的课程，更是让他感到兴趣索然。是拼写比赛和算术使他振奋起来。艾森豪威尔小时候就喜欢竞争，这和他童年时的家教都不无关系。拼写比赛激发了他取胜的拼劲，所以他格外喜欢这门课。但是由于他粗心大意，多数时候成绩并不理想。他喜欢数学课，因为数学的逻辑性很强，结果也直截了当——不是对，就是错。他的数学课成绩是他小学所学的所有科目中，成绩最理想、最优秀的学科。中学时，他的数学成绩也一直很出色。

他真正感兴趣的课是他自己心爱的军事史。他沉浸在军事史的阅读中，竟疏忽了家务事和学校的功课，有一次他在家中的花园中偷读军事史时（为什么要偷读呢？这在下面我们还要谈到），竟忘了母亲艾达告诉他的要把蔬菜推到马斯洛大叔那里去。艾达到处找不到他，只好叫阿特去了。还有一次吃饭的时候,艾达到处也找不到小艾克。邻居的孩子作证说,学校已经放学了,他不在学校里。直到天黑时,小艾克才从花园中偷偷地溜回家中。一天,母亲艾达到花园中去干活,无意中发现了小艾克的秘密。当艾达发现小艾克阅读的是军事史时,艾达十分不安。因为在艾森豪威尔的家庭中,由于受河上兄弟派的影响,反战情绪是十分强烈的。母亲艾达仇视战争,她说战争能把人变成野兽。艾达千方百计地用这种反战情绪来影响孩子们。约翰在回忆录中写道,祖母是个有坚强信念的和平主义者,当她发现父亲对军事史感兴趣时,她百般诱导父亲不要对军事历史书籍爱好入迷,但是父亲不顾祖母的警告,把有关拿破仑和美国内战的书籍带回家来阅读。艾达怕他在这方面花费太多的精力,影响功课,所以她把他的军事史书拿走,藏在柜子里。当艾森豪威尔发现书没有时,他想到是母亲给拿走了,但是他找到了钥匙。"每当母亲上城里去买东西或到她的小花园中去干活时,我便把书偷偷地拿出来看。当估计母亲快要回来时,我再偷偷地把书放回去"。这样反复几次后,有一次艾森豪威尔看得入了迷,竟忘记了母亲回来要藏书这件事,被艾达发现了。艾达并没有过多地责怪他,当艾达确信儿子对这类书籍的入迷程度超出了儿童趣味的范围时，她遵循一贯的在解决孩子们的重大问题时不对他们施加压力的原则，不再进行干预。所以，小艾克可以光明正大地、公开地阅读他心爱的军事史了。这些书籍是一些篇幅冗长、晦涩难懂的纯军事理论方面的专著。它详尽地描述了历史上一些重大战役、战争的政策与策略。他对描述古罗马和希腊的战争入了迷。他并不是在当时就抱定决心要踏着亚历山大或恺撒的足迹前进，他当时凭着兴趣在认真看这些书。他直到20岁以后，才真正认真地考虑要投身于军事生涯。但他在少年时代就喜欢战争故事。比如：谁发起攻击，何时何地，从哪一翼入的手，谁是英雄，建立了哪些功绩，战争的结果如何？他能把每次战争的时间、过程、人物、结果都背出来，俨然成了军事史的专家。但是，由于年纪太小的原因，在他阅读这些书籍时，太深层次的东西，比如发动这场战争的目的是什么，战争给人民带来了什么，战争的副作用是什么等方面，他并没有去思考过。这一点，我们不能去强求。因为战争深层次的东西，有时就连那些战争的发动者们自己也很难认真地思索。有些战争的狂人，他们只考虑战争能给他自己带来的利益，他们哪里会去考虑战争给人民大众带来的灾难，战争给人民带来的只有苦难。艾森豪威尔在小伙伴中简直就是一位研究战争史的专家。伙伴们有什么不懂的地方都来问他。闲着无聊时,他应伙伴们的要求,还要给他们讲一段战争故事。因此,在小伙伴们中,他被公认为"专家"。有一次,一位不知深浅的同学,在他面前大谈战争,甚至把阿贝拉那样有名的战役的时间提前了一年,这在艾森豪威尔看来是绝对不能容忍的。他毫不客气地,当场打断了这位同学的谈话,指出了错误,事后,这位同学看到他就脸红。

　　后来在中学求学时,随着知识面的扩大,知识需求的增加,他的阅读范围逐渐扩展到近代欧洲和美洲军事史方面,及与军事史密切相关的政治史方面。这使他对政治与军事的关系有了更深的了解。在中学学习中,他的历史成绩非常出色。在历史课堂上,老师讲授的内容,他都已自学过了。为了不使他在上课时感到乏味,老师特别为他安排了作业。用他的话来说,那时,他的注意力已集中在"历史中的突出重大事件——戏剧性的故事上面……阅读历史本身就是目的,而不是吸取教训以指导当前或者为将来作准备"。

　　艾森豪威尔对英雄的事迹赞叹不已。他最崇拜的人物是迦太基的大将汉尼拔。后来他学美国革命史时,他对华盛顿钦佩不已。他是如此崇拜华盛顿以至于"我对以康韦为首的阴谋集团,几乎达到了深恶痛绝的程度"。因为他们试图夺取他的指挥权。他经常和同班的同学谈论历史,对历史上所发生的一些重大历史事件有他自己独特的见解。他的历史成绩,在班级中也是出类拔萃的。因而他那一届的毕业年鉴预言他将来会当上耶鲁大学历史学教授。而他的哥哥埃德加则被预言将来会连任两届美国总统。

1904年艾森豪威尔读中学一年级时。阿比伦在城镇的北部新建了一所中学。这是一幢坚固的二层砖瓦楼房。尽管这在当地来说并不算是最好的,但是它在一个14岁的孩子眼里已算得上是十分宏伟堂皇了。由于新校舍的扩建,学校又招聘了一些比较好的新老师。这些新老师大多是一些未婚女子,因为没有家庭的拖累,所以她们把大部分精力放在教育孩子身上。所以孩子们的学习有了较大的提高。教师们决心使学生们全都掌握基本学科——英语、历史、数学、拉丁文和自然常识。要是死记硬背能促使人们接受现实世界,这倒不失为一种极好的训练,它使从中得益的学生们为日后的成就打下了坚实的基础。1950年3名在第一次世界大战前的阿比伦中学毕业的学生当上了美国东部3个名牌大学的校长,他们是:艾森豪威尔在哥伦比亚大学任校长；密尔顿在宾州大学任校长；迪恩·马洛特在康奈尔大学任校长。新建的学校里的学生多数是女生，女生比男生多一倍以上。由于家庭所迫，大多数男生在距离毕业前很早就辍学去工作，在艾森豪威尔的毕业班上就有 25 名女生，却只有 9 名男生。艾森豪威尔的兄弟阿特在毕业前两年离开学校去堪萨斯城里的一家银行工作，还有埃德加也辍学了两年，不过他最后还是回来复学，和艾森豪威尔一起在 1909 年毕业。

艾森豪威尔在中学求学时的兴趣，以重要程度为序，是运动、工作、学习和女孩子。他在女孩子中间是羞答答的。并且无论在何种情况下总是给同班男同学造成这样一种印象，他是与他们一帮子不同的正经学生。女孩子都认为对女同学太青睐的男孩，是没有大丈夫气概的表现。艾森豪威尔开始时是被认为最有男子汉气概的，因为他不修边幅，头发经常因为不梳理而显得很蓬乱，穿着很随便，对姑娘很冷漠，从不正眼看待。后来随着年龄的增长，对女性的这种冷淡的态度逐渐消失了。艾森豪威尔的传记作者指出，稍晚些时候，年轻的小艾克博得了阿比伦姑娘们的垂青，对她们的诱惑力已经不再是漠然置之。他的一位同班女同学回忆说："一些姑娘说他'漂亮'，另一些姑娘称他'勇敢',学校里的姑娘们对这位健壮、魁梧的小伙子看得出了神。"

艾森豪威尔在学习方面并不感到吃力。没费多大的力气就取得了好成绩。中学时代的艾森豪威尔对学习表现出愈益浓厚的兴趣。一年级他的成绩都是B,学习的科目是英语、自然、地理、代数和德语。二年级成绩有所上升。到了三四年级,他的英语、历史和几何学几门课的成绩,不是A便是A甲,只有拉丁文的成绩是B。

随着艾森豪威尔家孩子们年龄的增长,他们开始挣钱贴补全家微薄的生活费用。在整个中学求学期间,艾森豪威尔都是边学习、边工作,开学期间打零工,到暑期则干比较固定的工作。有时在油坊,有时在乳品厂,有时在附近的农场里,有时到冰窖去搬运大冰块。乔·豪是一份周报的编辑,艾森豪威尔和他的朋友们经常到他的办公室去干零活。他说艾森豪威尔干活从不挑剔,无论是搬东西还是送报纸、油印,脏活、重活什么都干,很少抱怨工作的辛苦,认为工作的辛苦是正常的,它会让孩子们懂得钱是来之不易的,是要付出艰苦的努力才能获得的。他用赚来的钱添置衣服,购买猎枪子弹,吃冰淇淋苏打,尤其是买体育用品。

艾森豪威尔的传记作者指出："总统对于在油坊做工和与埃德加一起做蔬菜买卖记得很清楚。"显然，要忘掉这些少年时代留下的印象确实是不易的。当1911年进入西点军校之前，艾森豪威尔一昼夜要在油坊工作14个小时。

艾森豪威尔对体育也非常爱好，特别是橄榄球和垒球是他生活的中心。除了工作以外，艾森豪威尔花在体育上的时间最多。他花在体育运动上的时间也远远超过他在学习上所用的时间。他是一个很好的运动员，身体素质很好，喜欢竞争，尤其喜欢体育比赛中那种竞争，那真是一种能力与意志的较量。那里面来不得半点的弄虚作假。总之，他喜欢体育精神，技术很全面，他最可贵的是取胜的意志。他是喜爱运动本身所具有的对抗性，喜欢同年纪比他大、个子比他高的人争高低。当他一垒打得分或者对方主力队员被半途截杀而失分时，便会高兴得格格发笑。

他球打得越多，就越懂得整体配合的重要性。他关心的是赢得比赛胜利。他是啦啦队中的一员，他常常为自己的队员鼓劲。他是一个自信心很强，对自己的能力和水平比较自信的运动员。像所有态度认真的运动员一样，他也对自己要求很严。一场比赛下来，他深知自己的缺点所在。每当本队输球时，他总是引咎自责；而赢球时，他则赞扬全体运动员。他的这种态度，在他现存书信中最早的一封里曾有所流露。明信片上所署的日期是 1908 年 5 月 27 日，收信人是年龄比他大、继续在堪萨斯州立大学深造的奥林恩·斯奈德。内容是关于阿比伦中学队和堪萨斯大学一年级学生队之间不久前进行了一场棒球比赛。明信片上这样写到："下星期一我们大概要再次与该校校队比赛。那天他们击球竟 5 次得手，比分为 7：3。我严重失算。小艾克谨上。"

豪编辑也是一个体育迷。他差不多每场比赛必到。他回忆说，艾森豪威尔"很自信，但在我与他的接触中从未感觉到他骄傲自满。他讨厌自高自大，他对别的队员的目空一切感到比什么都痛恨"。豪编辑正是在观看体育比赛时，和德怀特他们结下了友情，所以一有挣钱机会，他总是想到他们。艾森豪威尔和伙伴们对豪也有好感，所以一有体育比赛的消息，马上告诉他。是爱好体育的共性把他们连在一起了。

艾森豪威尔除谦逊外，还坚持公平。历来美国小城镇的传统是比赛均由双方自己裁判，甚至中学球队和邻近城镇的球队比赛中，也常常至多只有一名裁判员。比赛时做小动作，进攻时在面部被打一拳，或是在跑动时被对方故意绊倒的事时有发生。当艾森豪威尔发现有人触犯规则，即使是自己球队的队员，他也会火冒三丈。他最讨厌做小动作，因为他认为比赛是公平竞争，真正凭本事较量，如果在背后做小动作，那样会有损球队的名声，既便是靠这个胜利，那也不光彩。所以，艾森豪威尔对做小动作的人非常严厉，即使是自己方的队员，他就会严厉地呵斥这个队员；如果下次再犯，将受到停赛几场的处罚；如果是对方运动员犯规，他就会更厉害一点地阻挡或抱住绊倒他。

　　一个星期天的下午，阿比伦队队员发现对方队里有一名黑人。由于这名黑人担任中坚，本队队员都拒绝越过他的位置。艾森豪威尔站出来说由他担任中坚，虽然他经常打后卫，从来也没有打过中坚。当时在美国，虽然奴隶制已被废除，黑人在法律上已成为自由人，和白人一样平等，但积存在人们心中的不平等仍未消除。白人们都讨厌黑人，所以上述事情才发生了。艾森豪威尔在比赛前后都和这名黑人握手致意。"其余的队员对他们自己的表现都感到羞愧"，他在许多年以后写道。

　　艾森豪威尔是在体育运动时才首次发现自己具有领导者和组织者的天赋。在孩子时，他的精力和领导才能表现在组织星期六下午的橄榄球或篮球比赛方面。后来他成为阿比伦中学体育联合会组织者之一，该会在学校之外独立活动。每月会费25美分，联合会就用这笔钱去买体育器材和其他一些设备，像球棒、垒球、球衣、球鞋、网等东西。这些东西大部分是自己做的。因为会费太少而要买的东西又太多。为了能少花钱多办事，他们自己动手自己做。例如把马厩中汗垫改作肩衬，把冬季运动的绒线帽当作安全帽使用。艾森豪威尔写信给该地区的各个学校安排比赛的日程，并让运动员们挤上免费货车，这样解决了从阿比伦到比赛地点的交通问题。由于艾森豪威尔工作得比较出色，他在毕业前的最后一年，被推选为阿比伦中学体育联合会的主席。在年鉴的年终报告里他写道："我们起草了联合会的章程，健全了该联合会的规章制度，使之成为一个永久性的团体。剩下的工作只是每天改选一个新的工作人员。"艾森豪威尔的措辞中习惯用"我们"而不是"我"，他制订的章程缜密完备，40年后仍在使用。

他还是本队最热心的促进者，从下面这张明信片中，我们可以找到根据。这是1908年10月21日，写给他的好朋友奥林等人的。上面是这样写的："亲爱的奥林，我们定于星期六在琼克勋市举行比赛，欢迎你、鲍勃、维德来观战，不用担心门票，我一定设法瞒过看门人，让你免费入场的。艾克上。"奥林、鲍勃、维德是艾森豪威尔的好朋友，也是体育爱好者，也是阿比伦队的热心支持者。凡是有阿比伦队参加的比赛，艾森豪威尔都写信通知他们，他们是每场必到的。他们是阿比伦队啦啦队的成员，每场比赛他们都为阿比伦队加油助威。

艾森豪威尔还组织野营和狩猎。他先是把愿意参加野营的孩子们的名单统计好，然后，再向每个参加者收取少量的费用。他把收集上来的钱，一部分用来购买一些野餐用的食品，再用剩下的部分向马车行租来一辆配备俱全的马车，于是全体参加者高高兴兴地坐着马车，来到位于阿比伦南面20英里的莱昂斯·克里克。大家选好地点以后，洗菜的洗菜，烤肉的烤肉，做饭的做饭。艾森豪威尔由于做饭的技术高超，所以做饭的任务自然就落到了他的身上。做好饭以后，孩子们围坐在一起，边吃边聊。吃完饭后，还要歌唱，跳舞，一天的快乐时光就这样度过了。艾森豪威尔还参加了冬季的猎狼活动。在美国西部大草原上，常有野狼出没，于是猎狼活动，便成了阿比伦人冬季户外活动的一个项目之一。20个大人和小孩被分成了两部分。一部分人在前面追赶大狼、小狼和长腿兔，把它们赶到事先埋伏好的射击圈内。等到狼和兔子一进入埋伏圈，射手们便开始射击，于是一顿美味佳肴就这样产生了。德怀特由于枪法比较准，所以就把新买的一支温切斯特1879型16发猎枪交给他用。他果然不辱使命，出色完成任务。

运动、狩猎和钓鱼对年轻的艾森豪威尔的重要性，无论怎样强调都不会太过分。他简直无法想象没有这些东西他怎样生活下去，这可以在他还是个孩子时所发生的最富有戏剧性的一件事上看出来。

在他中学一年级时，他在一次体育比赛中，不小心摔破了膝盖。这件事情对于精力充沛，好斗，经常与某个孩子打架后带着青伤紫斑和疙瘩回家的艾森豪威尔来说，当然算不了什么，这种事对他来说是司空见惯的。当时当他爬起来之后，唯一想到的是可惜新买来的裤子摔破了个洞。因为这条新裤子是他省吃俭用靠打工挣钱买的。由于膝盖只是撞破了点皮，并没有出血，所以他根本都没往心里去，回家后既没告诉艾达，也没上药包扎。第二天，他照常去上课。由于伤口没及时处理，伤口感染了。第二天放学回来后，他晕倒在前屋的沙发上，可把艾达吓坏了。她马上叫阿特去戴维工作的地方叫回了戴维，戴维马上去请来了康克林医生。尽管康克林一再治疗，但创口还是不断地扩大。在以后的两个星期内，艾森豪威尔一再昏迷不醒，腿部渐渐肿起来了，并且开始发高烧。康克林医生一天要来两、三次。母亲艾达非常着急，寸步不离地守在他的身边；他们在他的腿上狭长处涂了一圈石炭酸，防止肿胀向上蔓延。但肿胀还是继续从腿部向腹部蔓延。康克林从托贝卡请来专家一起会诊。诊断的结果并不能令人宽慰：是血中毒。两位医生一致认为只有立即截肢才能挽救病人生命。

有一次当艾森豪威尔神志清醒时，他听到父母和医生们在讨论他的病，他听到母亲艾达哭泣地问医生，是否还有别的办法，可以治疗这个病，只要不截肢就行。医生说，该想的办法，他们都想过了，只有截肢才能保住生命。艾达又哀求说，"求求你再想想办法吧，你不知道这孩子有多么的热爱体育活动。如果没有了双腿，那对他有多大的打击，我不知道他能否活下去"。艾森豪威尔听到这里，再也忍不住了。他态度温和但却十分坚决地说："妈妈，你对医生说，我绝对不能失去这双腿，他们别想把腿截去。"当医生知道他的想法后，就警告说："如果病毒继续向上蔓延，胃部也感染上的话，那他就没命了。"艾森豪威尔听到这些话后，他坚定地说："那我宁愿失去生命，也不愿意失掉双腿。"

当感染继续向上蔓延,到达阴部时,他苏醒的次数已经极少了。由于高烧不退,他清醒的时间已经很短了。为了不让医生们在他昏迷时把他的腿截掉,他在有一次清醒时,把哥哥埃德加叫到跟前,对埃德加说:"听着,哥哥,他们在讨论着要把我的腿给截掉。我想请求你,在我昏迷的时候,千万别叫他们把我的腿截去,如果到了要我选择腿和生命时,那我宁愿不要生命,也不愿意成为一个残疾人。"按照西部的传统,体力和大无畏精神是任何一个真正的男子汉所必需具备的品质。在阿比伦,人们都神圣地信守着这种传统。而艾森豪威尔就受着这种传统的影响,具有坚强的意志,充满青春活力,又是同龄人中最优秀的运动员之一,所以他无法容忍做残废人的命运。哥哥埃德加完全理解他的心情,也坚决支持他弟弟的选择,他对艾森豪威尔说:"你放心吧,我绝对不会让他们这么做的,我向你保证。"得到埃德加的保证后,艾森豪威尔放心了。埃德加遵守着他的诺言,从此寸步不离地守在艾森豪威尔的病榻旁,决定不让医生截肢。康克林医生发怒了,口里喃喃地说着"谋害"之类的话,他苦口婆心地向埃德加讲尽了不截肢的利害关系,他劝埃德加放弃诺言,允许他给艾森豪威尔做手术。但不管康克林医生说什么,埃德加就是不答应。为了防止康克林在晚上的时候偷着进来给艾森豪威尔做手术，埃德加甚至就睡在门槛上。这样康克林便无法在埃德加熟睡时进入房间。为此，康克林抱怨不止。一个医生的神圣职责不允许他任一个病人在放弃生命，而自己有办法的时候却不能挽救他。康克林说服不了埃德加，于是他又去劝戴维和艾达，想让他们帮助说服埃德加。戴维和艾达尽管心里也很着急，但他们恪守着在孩子们作出重大决定的时刻，决不向他们施加压力的原则。他们对康克林医生说，他们得尊重孩子们的决定，他们不能代替孩子们作出决定。只希望能出现奇迹了。奇迹果然出现了，结实、年青的机体战胜了疾病，病毒得到了控制。

到了第二个星期末，炎症开始减轻，高烧退去，艾森豪威尔神志又清醒起来。经过两个月的休养，他完全康复了，而且强壮如初。不过中学一年级他却因此多读了一年。这件事本身让人感到不可思议，几十年后，又被夸大了许多。主日学校的小册子和启示录中描写他全家日夜跪求上帝保佑他恢复健康。艾森豪威尔家的兄弟都痛恨这种说法，并含蓄地表示他们的双亲确实是深信能治愈的。他们坚持说他们并没有比其他时候多祈祷或少祈祷。"我们一直是祈祷上帝的，用不着过多祈祷。"埃德加回忆说："我们做祈祷，祈求上帝保佑就像我们早上起身吃早饭一样的自然。"艾森豪威尔则把所谓他们祈求上帝的传说斥之为"荒谬可笑"。

少年时代迅速流逝，转眼艾森豪威尔和埃德加毕业了。那是 1909 年的春天。埃德加想上密歇根大学攻读法律。父亲戴维因为年轻时曾受过律师的骗，所以一直都对律师这职业抱有异议，他认为当律师会让人变得虚伪和不诚实。所以，他对埃德加说，如果他上堪萨斯大学学医的话，他就会出钱帮助，但如果他学法律的话，那将不帮助。艾森豪威尔家的孩子自立能力比较强，主意也比较正，如果他们认为选择是对的话，那么什么也不能叫他们改变主意，埃德加还是坚持决定去密歇根学法律。这时他的叔父克里斯·乌塞给了他帮助，保证借给他二百美元，而父亲戴维坚持他的诺言，不给帮助。但这只能解决入学时的一些困难，而入学后的生活费用，仍没有来源，于是埃德加和艾森豪威尔商量。埃德加追述说："我们商定第一年我先上大学念书，德怀特去工作并把钱接济我；接着由我去工作，把钱给他，再让他读大学。"相互帮助是艾森豪威尔兄弟间的习惯。如果说儿童时代这种帮助主要表现在孩子间的打架上，那么现在该是解决正经事的时候了。艾森豪威尔没有对中学毕业后的生活道路作出决定，只表示愿意帮助埃德加。于是 1909 年的整个夏天，这两个孩子都去工作挣钱。埃德加在一家乳制品厂工作，艾森豪威尔则干着装运马口铁的活。到 9 月埃德加离开阿比伦去了安阿伯。埃德加走后，艾森豪威尔接替了他在乳制品厂的工作，先制冰，后来当司炉工。最后他当上了夜班管理员，从下午 6 点一直工作到早晨 6 点，一星期干 7 天，每月可挣 90 美元。几乎和他父亲的收入相当。这份工作对于曾扔过大冰块和给炉子加过煤的艾森豪威尔来说，是相当轻松的。这样在白天不工作时，艾森豪威尔就有时间帮母亲干点家务，也有时间和朋友集会了。他的朋友时常上他那儿玩扑克，但他输钱的时候很少。艾森豪威尔把挣来的钱，大多数都寄给埃德加了，自己留下的部分只够买些猎枪子弹以及一些体育用品和添几件衣服的。年轻的艾森豪威尔还有一项开支，就是与他的第一个心上人、金发的劳维·纽曼见面。由于常和女孩子在一起工作，他那男孩子的羞怯消失了，他变得越来越讲究仪表和穿戴。"德怀特年方二十，潇洒、健壮，是魁梧的淡黄发男子、勤勤恳恳的工作人员……他开始懂得怎样利用自己富有魅力和微笑去迷人，同时又同他们保持距离，不致有损自己的名誉。"这一时期，艾森豪威尔的主要娱乐活动，除了棒球和橄榄球外，便是打猎。他用省来的钱买了一支猎枪，偶尔和朋友们一起出去猎狼和郊游。

整个冬季或者每当天气不好时，他便去乔·豪办公室看报纸消磨时光。由于工作性质的缘故，豪订有纽约、芝加哥、圣路易和堪萨斯各市的报纸。这样有机会看到全美国各地有影响的报纸，了解全美国各地发生的事。在谈到为什么要看报时，他对豪说："我想通过读报了解堪萨斯以外地方所发生的事情。"这样通过读报，他开阔了眼界，也丰富了知识，兴趣也随之扩大了。他开始借阅豪的藏书，豪的藏书量挺大的，这是一些军事史以外的题材的书，西部小说或体育运动方面的书不少。当然德怀特凭借所有孩子在那个时代特有的趣味，还读了些惊险题材的书籍。让这位少年读者产生最深刻印象的是具有宗教色彩的善与恶的故事。如看完柯南·道尔的《福尔摩斯探案集》后，他对福尔摩斯的逻辑推理大为钦佩；还有描写侠义行为的惊险小说，以及马克·吐温的《亚瑟王宫中的美国佬》等。其中西部小说给艾森豪威尔留下深刻印象。这在以后到退休，只要闲暇时，他都会找点西部小说看一看。除了看报以外，他还和豪以及聚集在豪办公室里的年轻小伙子们争论当前的各种问题。在争论中培养了他逻辑思维的能力和看问题的角度。他具有掌握要点的能力和富有逻辑推理的头脑；每当辩论时，他先是仔细听对方的观点，然后突然提出晦涩费解的论据反驳对方，要不便是进行连珠炮似的反诘，使对方的观点自相矛盾，驳得对方体无完肤。但是，据豪说，假如"他被人驳得走投无路时，他就会说几句打趣话而一笑了之……我认为艾克的笑帮他摆脱了不少困境。"

这时，随着年龄的增长和社会阅历的不断增多，他少年时那容易激怒、好斗的习性已所剩无几了。"我从未听说过他出去找城里的爱打架的人打斗逞强"，豪回忆说，"他没有报复心理，他从不惹事生非。不过话又说回来，如果他卷入了没有预料到的纠纷时，他也决不逃之夭夭。"这时的艾森豪威尔是一位持重的年轻人，勤奋，节约，有志向，有毅力，有抱负。

然而，出于种种无法解释的原因，他和埃德加达成的协议，推迟了一年。1910年夏季，埃德加呆在安阿伯，秋季仍然没回来。这段时间里，艾森豪威尔便继续工作，挣了钱便给埃德加寄去。这件事艾森豪威尔从未有过怨言，他也没让埃德加给解释什么,只是在他退休以后,常常笑着说起埃德加还没给他好好地干一年的活儿。

1910年夏天,艾森豪威尔开始和镇上一名医生的儿子埃弗雷特·斯韦德·黑兹利特交上了朋友。他以前只是在偶然的机会里看到过他,因为斯韦德曾进威斯康星的军事学院去攻读。斯韦德得到了投考安纳波利斯的海军军官学校的提名,但是在1910年6月的一次考试中,他数学不及格。他回家苦读一年,准备下一年6月重新参加考试。他与艾森豪威尔结成了莫逆之交,他们终身保持着这种友谊。

斯韦德是年轻的艾森豪威尔所交结的第一个不像他一样爱好体育运动的朋友。斯韦德是个魁梧、健壮的小伙子。他为人敦厚,不好打架,这使他常常在阿比伦的街上遇到不愉快的事,甚至受到年龄较小、身体较弱的男孩的欺侮,更不用说同龄人了。在同受人尊敬的阿比伦人的好斗的后辈打交道时,艾森豪威尔对斯韦德来说好像是避雷针,德怀特轻而易举地承担起这样的作用。他们的这种关系随着时光的流逝变成了真正的友谊。艾森豪威尔回忆说:"我们牢固的友谊,持续到1958年他离开人世之时。我们40余年间往来的书信可以编成一厚册书。我在回忆录《白宫岁月》中，曾利用过这些信件，因为斯韦德与我是无话不谈的。"

斯韦德理解力强，有远大的抱负，他机智灵敏，富有思想，到过许多地方，见多识广，非常健谈。他非常喜爱艾森豪威尔，他喜欢艾森豪威尔的遇事镇静，性格坦率，说话言简意赅，切中题目，并且非常明智、谦逊，即使成了全校的英雄人物也丝毫没有影响他这些优点。随着两人友谊的加深，艾森豪威尔白天经常和斯韦德在一起畅谈理想和抱负。而斯韦德在晚上艾森豪威尔当班时，也经常到艾森豪威尔工作的奶制品厂串门。这两个年轻人大有相见恨晚之意，晚上两人谈饿了，就在锅炉旁擦得锃亮的铁铲上煎鸡蛋吃，当然是艾森豪威尔的技术。吃完饭后，两人又在一起研究如何调配冰淇淋，最后斯韦德想出个好办法，用公司冰冻机制造冰淇淋，效果很好，于是两人边吃边谈。由于斯韦德到过好多地方，他向艾森豪威尔介绍了威斯康星、东海岸，谈得最多的是安纳波利斯。艾森豪威尔从朋友的交谈中，了解了好多知识，这对年轻的德怀特来说，既新奇，又新鲜，这更加坚定了他要出去见见世面的决心。

这时，在艾森豪威尔的心中的目标，就是多积蓄些钱，在1911年秋季时进密歇根大学。和埃德加不同的是，他并没有读法律或其他专业的打算。不过他深深知道，他需要接受大学教育，在大学学习中得到锻炼和提高。他当时想进密歇根大学，一是因为埃德加的影响，二是因为密歇根大学有着一支在国内数得上的最优秀的橄榄球队。想把自己的橄榄球水平进一步提高的想法，也促使他下决心要去读大学。斯韦德向他指出海军军官学校也打橄榄球，至少和密歇根大学一样有名气，并且海军军官学校还保证向毕业生提供有趣而又有作为的职业，最大的优点就是那里比较自由。他要艾森豪威尔设法搞到投考的提名，如果艾森豪威尔能进去的话，那么他们将在同一个班学习，再也分不开了。艾森豪威尔被斯韦德的话打动了，他答应要尽力去试一试。斯韦德的提名是从他父亲的一个朋友——一位当地的国会议员那里搞到的。艾森豪威尔和这位议员并不熟悉，但是凭着年轻人的勇气和胆识，他也去找这位议员。这位议员非常热情地接见了艾森豪威尔。他告诉艾森豪威尔现在他手里已经没有名额了，这位议员劝他去找来自萨利那附近的约瑟夫·布里斯托参议员。艾森豪威尔并不乐观——他觉得如果提名要靠政治权势，他就没希望了，因为他家没有政治势力。斯韦德跟他说，不管成与不成，试一试是没有坏处的。

于是，艾森豪威尔以他特有的直率和勇气，去找了阿比伦的著名人士、银行家、报纸编辑、商人、邮政局长，请求他们写信给布里斯托，让他推荐一下自己。大家因为对艾森豪威尔印象挺好的，所以都愿意给布里斯托写信。1910年8月20日，艾森豪威尔自己也给布里斯托写了一封信。言词比较恳切，希望布里斯托能帮助他进安纳波利斯或西点军校。他当时之所以又提到要去西点军校，是怕布里斯托议员把安纳波利斯的提名给了别人，那样他可以被推荐去西点军校。

> 我急切希望能在上述任何一处得到提名，特函相求，以遂夙愿。
>
> 我系中学毕业生，今秋满19岁。
>
> 若阁下能提名我进上述两校之一，将不胜感激之至。
>
> 即请赐复，并候佳音。
>
> 德怀特·艾森豪威尔敬上

他写的这封信，以及其他人的推荐信，都如石沉大海，没有得到答复。就像其他许多美国参议员一样，布里斯托所提名的名额，大大少于申请的人数。把10个人想得到的名额给了其中的1个人，其结果将是交了1个朋友而结了9个冤家。所以布里斯托采用了和同事们一样的解决办法，即实行一次公开考试。那样，成绩好的自然就被提名了，而成绩不好，不被提名也不会有什么不满意的。

1910年9月，艾森豪威尔在当地的报纸上读到布里斯托办公室刊登的一则公告："定于10月4日和5日两天在托皮卡的堪萨斯州公共教育督察办公室举行申请投考军官学校的甄选考试。"艾森豪威尔看到这条信息后，他给布里斯托写了第二封信："不久前曾致函申请投考西点或安纳波利斯，迄今未获明确答复。但我从日报上获悉将对申请者举行甄选考试，若您无法给予提名，不知我是否有权利参加这次甄选考试？"

这次布里斯托立刻作了答复——艾森豪威尔当然有权参加。艾森豪威尔收到这封信后，马上开始准备复习考试，斯韦德帮他复习。由于艾森豪威尔中学时成绩比较好，而且加上他脑子又灵，所以没用多久，他就准备得差不多了。"艾克那个天赐的脑袋使他进步神速。"斯韦德后来说，"最后超过了他的……老师。"

10月初，8名申请者聚集在托皮卡参加为期2天的甄选考试，艾森豪威尔去参加了。考试对艾森豪威尔来说，并不可怕。在考场上，艾森豪威尔一点也不紧张。最后到公布成绩时，艾森豪威尔的语法（99）、代数（94）、算术（96）成绩出众，地理和拼写（各为90分）的成绩也很好，但多少有点使他惊讶的是几何（77）、美国历史（72）以及通史（79）的成绩不大好，他原以为自己对历史最有把握，但是题目多数是关于政治和经济的，而不是关于将军们和战役的。历史成绩使他感到有点失望，从此他更加下工夫多去注意政治和经济方面的。他的总平均分数为87.5分，在8名竞争者中稳居第2。尽管艾森豪威尔在表格的学校分配栏中"服从分配"上打了勾，但在第一志愿中注明他只希望去安纳波利斯。倒不是说西点军校有什么不好，主要是他对西点军校了解的并不多，而对安纳波利斯则了解得多一些，这要归功于斯韦德。通过斯韦德的介绍，德怀特有一个强烈的愿望要去安纳波利斯，去参加他们的橄榄球队，这也是吸引艾森豪威尔的一个重要因素。再就是可以和斯韦德一个班的想法也在吸引着他，所以他希望能去安纳波利斯。

到了11月初，布里斯托通知艾森豪威尔，他已被提名去西点，入学考试将于1911年1月在圣路易斯举行。斯韦德感到失望，这件事对艾森豪威尔是一个沉重的打击。原以为凭着好成绩可以获得安纳波利斯的提名，但结果却去了西点，艾森豪威尔感到失望极了，他开始后悔在"服从分配"栏中打上了勾，但事已至此，艾森豪威尔已别无选择。斯韦德催促艾森豪威尔写信给布里斯托，询问一下参议员，看是否可以重新考虑让他去安纳波利斯。但是，当艾森豪威尔把海军军官学校的入学须知又重新看了一遍之后，知道自己已经20岁了，超过了入学年龄。斯韦德告诉艾森豪威尔可以瞒掉一岁，谁也不会知道的。艾森豪威尔摇了摇头喃喃地说，既然天意决定让他去西点，那么他接受，他最终下了上西点军校的决心。

当决心真正下了之后，艾森豪威尔马上就从没能去安纳波利斯的阴影中走出来了，这是他天性中最可爱的地方，即面对现实和接受现实。当他把这一好消息告诉全家人时，他们兄弟们很高兴。他的父亲毫无表示，他的母亲用艾森豪威尔的话来说，"是他所知道的最真诚、最笃实的和平主义者"。虽然想到儿子当兵心里不高兴，但是她并不打算阻止他。因为艾达是一位开明的母亲，多年来她一直恪守在重大问题上不干涉孩子们自己的决定。所以当艾森豪威尔自己已拿定主意后,她并不过多地干涉。几十年以后,人们都感到迷惑不解,世界上最著名的军人竟出自和平主义者的家庭。1954年7月的一次记者招待会上,有人向艾森豪威尔总统提出了这个问题。他回答说:"只要指出他父亲一心想着的是他是宾夕法尼亚州的德国人,他的脾气完全与宾夕法尼亚州的德国人一模一样就足以说明问题了。在他身上毫无和平主义者的气味。"虽然母亲是一位热烈的和平主义者,但关于她竭力反对他去西点的种种传说,纯属无稽之谈,"她从未对我说过一句这样的话"。

1910年秋季,斯韦德继续抓紧时间复习,准备参加安纳波利斯的第2次考试,而艾森豪威尔则准备参加西点军校的入学考试。乔·豪回忆道:"一天傍晚,艾森豪威尔走进我的办公室……想知道是否能借阅一下我的一本《大事记》。他说他现在该扎扎实实地读一些书了。"为了能在考试中取得好成绩,艾森豪威尔还回到阿比伦中学去参加化学、数学和物理复习班,同时他还附带着玩了一年橄榄球。他在这两方面所做的努力,效果还是比较明显的。考入西点时,他的成绩很好,而且还成了队里的明星。

1月,火车把艾森豪威尔带到圣路易斯去参加考试,这是他长这么大以来离开阿比伦最远的一次旅程。考试形式与参议员布里斯托举办的那次相似,因为有了上次的经验,加上他这一段时间的认真复习,所以他非常顺利地通过了西点军校的入学考试。1911年6月他动身去西点军校。

告别是平静而隆重的。父亲戴维在6点去上班前与他道别,阿特在堪萨斯市,埃德加在安阿伯。艾森豪威尔在事先已写信给他们,向他们道别了。他与罗伊、厄尔和密尔顿一一握手告别,把猎枪和他的狗"弗之普"一起交给他们,一本正经地嘱咐他们要好好地保管照料。艾森豪威尔一生喜欢狗,甚至在战争年代,在参谋部也养着一只小狗,带着它走遍前线。艾达伴同他一起走到门廊处,拥抱他,在他拎着衣箱朝火车站走去时,向他挥手。在他离去后,艾达回到自己的房里,密尔顿后来告诉艾森豪威尔说,他第一次听到母亲哭泣。艾达这位伟大的母亲,只是母子分别的巨大痛苦才使她流下热泪。但为了不使儿子感到离别的痛苦,她强忍着没有在儿子面前流泪。

艾森豪威尔来到火车站,在等候火车的时候,他拍了一张引人注目的照片。照片上的艾森豪威尔神采奕奕,英俊潇洒,朝气蓬勃,充满自信。这时,他不过才21岁,他具有了他这个时代同龄人所具有的一切。所不同的是，他的脸上洋溢着一种对即将开始的新生活的向往。

许多人都认为艾森豪威尔长得很潇洒。这时的他比两年前长得更强壮、更结实了。他的体重已增加了20磅，但却不显得臃肿和肥胖，相反让人感觉体态匀称。他身高近6英尺，体重170磅，宽大而有力的肩膀，硬得像岩石一般的发达肌肉，堪称一个优秀运动员的化身。他的骨架小，手掌很大。他像所有优秀运动员一样，走路昂首挺胸，腰板拔得挺直，走路时用脚趾，以显示步履优美。艾森豪威尔长有美丽的金黄色的头发，一双大眼睛炯炯有神，鼻和嘴长得都特别大，这一切正好与他睿智的大脑相匹配。他的面孔长得胖鼓鼓的，极为匀称。碧眼闪烁、滑转，无论看什么都让人感到全神贯注。在生活中，艾森豪威尔就是一个做事认真、全神贯注的人，干活时他干得干净利落，玩时他也全神投入。打猎、玩牌、参加体育运动这一切没有一样做得不好。

总之，艾森豪威尔就是这样一个人，他干一样爱一样，无论工作、学习还是玩，他都做得出色。他的嘴唇长得又阔又厚，年轻女孩发觉这副嘴唇富有美感。他的嘴唇很少有空闲的时候。他给人的印象总是笑呵呵的，非常的随和。全城的人，不管年龄多大，贫贱富贵，肤色如何，他都一视同仁，看见谁都笑口常开，不笑不开口。他给人的印象是一个有礼貌、懂事的孩子。他实在太愿意笑了，有时是微笑，而当有让人感到高兴的事时，则常常能听到他放声地大笑。笑得那样开怀，那样纵情，让旁观的人不禁受其影响，也随同他一起笑起来。大多数和他有过接触的人，都发现他侧唇大笑时有一股不可抗拒的魅力。他面部有着奇特的表情，高兴时常常用手拍打着膝盖，让人很容易就感受到他的喜悦；而每遇到让人生气的事时，他会气得满脸通红；到了不赞同某人的意见或观点时，他会双眉紧锁，表情沉默。总之，人们发现他是一个喜怒都形于色的人。

艾森豪威尔是一个在阿比伦城里最受欢迎的年轻人，但他小心地避免任何会使自己显得过分自负的表现。年轻女子发觉他很可爱，而他们的父母虽然从内心中也承认德怀特是一个优秀的孩子，但由于他们把城市居民按社会威望区分得太清楚，他们不希望自己的女儿找一个家境清贫的人，所以他们常常故意在自己的女儿面前说："这个小伙子不会有什么出息。"但这并不能影响年轻的艾森豪威尔在年轻女子心中的形象，她们喜欢他彬彬有礼、诚实正直、举止稳重。在不知不觉中，她们把他当作心中崇拜的偶像。年轻男子也喜爱他，因为他是一位如此优秀的组织者，这体现在他成功地兴办了橄榄球、垒球、狩猎、郊游等活动；还因为他热心运动和好开玩笑，是一位热情、好动、开朗活泼的人；还因为他是一位优秀的射手，在各项球类比赛中，表现得出类拔萃；还因为他是一位可怕的竞争对手，在他的面前你才能体验到什么才是竞争，才能显示男子汉的威力。大家都喜欢他，还因为他在任何时候都是光明正大的。他的同龄人钦佩他对工作、运动和学习的认真态度。他们还钦佩他有抱负，有跨出阿比伦去使自己有所成就的决心。

对于一个20岁的青年来说，他的自信心是突出的，这表现在他的风度、谈吐和行动中。他知道他能为自己未来的生活准备好条件。他深知在未来的生活中，他不会应付不了，因为他有独立生活的能力，身体强壮，可以承受得了任何生活的重压。他坚信任何困难是压不垮他的。他意识到即将进入的学校是国内最严格的工程学校之一，这所学校特别强调数学和自然科学这两门课程的学习。对于数学和自然科学，艾森豪威尔是有信心学好的。因为在中学时，他对数学就情有独钟，而且他的数学成绩也一直很好，艾森豪威尔擅长逻辑思维。他不喜欢死记硬背，所以，他相信在西点军校的学习是不会落在后面的。他自信能够对付得了，相信自己是有能力办到的。

他有强烈的好奇心，想知道历史、运动、数学、机遇、事情是怎么进行的和人们做了些什么。然而他这种好奇心，既非创造性的，也不是有独到见解的。他对音乐、绘画或其它艺术、文学和政治理论都兴趣索然。他把自己的旺盛精力和注意力集中在把工作做得更好，而不是别的方面。在内心里，无论在运动或学习方面，他的目标是自我提高而不是自我变革。

他尤其了解自己和自己的才能。当他跳上火车，告别阿比伦，离开他的家庭和朋友们奔向东方时，他绽开了满脸笑容。他充满自信，在他身上并不存在一般年轻人常有的那种自我反省或个性危机。艾森豪威尔知道自己是怎样的人，走着什么道路。在艾森豪威尔的面前展现出在他的故乡阿比伦谁也无法想像的美好前景。艾森豪威尔"头也不回地走了。之后，艾森豪威尔始终是只往前看，奔向新目标、新的课题和创举。"

在西点军校

从阿比伦到西点军校，乘火车需要3天的时间。艾森豪威尔坐在东去的火车上，心潮起伏，思绪万千。从今以后，他不再是一个普通的中学生了，他已经是堂堂的军人了。今后他个人的命运，已经和美国军队的命运、美利坚合众国的命运紧紧地联系在一起了。西点军校坐落在纽约市北部80公里的西点镇，成立于1802年7月，正是在美国第3位总统托马斯·杰斐逊的任期内（1801—1809年）。当时美国刚刚独立不久，执政的资产阶级出于维护国家统一和独立的需要，创建了这座以培养陆军军官为主的高等学校。起初，学员主要由国家总统和国会议员推荐，后来改为招考。建校180多年来，为美国培养了许多优秀的军事人才。美国的高级将领多半是西点军校的毕业生。

当艾森豪威尔刚进入西点军校时，新生们正分别办理入学手续和接受严格的队列训练。军校大多数新生都和艾森豪威尔一样，在本地是出色的运动员或者是尖子学生，或者两者兼而有之。他们中的有些人，自视甚高。所以等这些学生一入校，根据以往的经验，西点就着手把他们的傲气打下去，故意用粗暴生硬的态度来打击他们。

在炎热的阳光下，学员们正在操场上排成方阵，跟随着教官的口令认真地操练。"挺胸！收腹！再挺一些！再挺一些！头抬高！下巴往里收！动作快！动作要快！快！快！"迟到的一些学员，正奔波穿梭于各座大楼，缴费，领被褥，搬进比斯特兵营4楼的卧室。他们发现，当他们向平民生活告别时，甚至与他们的名字一起告别了。现在他们都成了"混蛋约翰先生"或者"杜克洛特先生"或者"混蛋加德先生"。他们发现自己对命令反应迟钝，尽管他们以前在中学时代运动技巧是很娴熟的，但现在他们发现，他们的动作是那么的笨拙，身体再不轻盈，而是那么的僵硬，他们甚至笨得连走步都走不齐。他们终于懂得了自己不是军校里的老大哥，而是小弟弟，地位不是提高而是下降了，不再是聪明而是愚笨得很。

当艾森豪威尔在1911年到达西点时，开始时他对这里的一切都不习惯。他对这座最高军事学府的观感也是好坏参半。他最不满意的是高年级学员对低年级学生的戏弄和污辱。而当艾森豪威尔到达西点时，正值戏弄低年级学生的做法在军校里最风行的时期。他们强迫新生做供他们取笑的各种动作和背诵无聊的故事和诗篇。如：要求新生作出过分僵直的立正姿势，再不就是把蚁穴里的蚂蚁一只只提出来；长时间地伸臂平举体操棒，俯身在一根柱子上做出游泳的姿势；双腿在桌下伸直坐着进膳，这些艾森豪威尔在刚入学时差不多全都熬过了。二年级学生普遍讨厌的做法是，新生一入学就让他们那样悠闲，不是做一些大难度的动作，而做一些像俯卧撑或者其他别的较轻微的运动项目，他们看着新生那悠闲就来了气，所以他们就想方设法地刁难新生。大多数新生都能强忍着，但也有些新生无法接受。艾森豪威尔第一位同寝室的学员来自堪萨斯，年龄比较小只有17岁。他离开家乡时是由乐队吹吹打打送上火车的，在家乡可以说是一个宠儿，而到了比斯特兵营则完全是另一回事。训练严格不说，还要受高年级学生的刁难，他可实在受不了了，他在第1个晚上便哭泣不已，以后夜夜如此。当艾森豪威尔指出其他千百个人能经受考验顺利通过时，他也能顺利通过，只要再咬紧牙关坚持几个月就行了，他那同室同学呜咽地说："你是没有什么，而我却再不能忍受了……"不久他便离开了西点军校。

艾森豪威尔接受他们的戏弄。他从不对涨红着脸冲着他呼幺喝六的二年级生发火；每当他要发火时，他就提醒自己："还有哪里能使你获得免费的高等教育？"西点军校一名士官生一年的薪饷936美元，这对于生长在收入菲薄的家庭和知道钱的价值的艾森豪威尔来说，是一笔不小的数目。每当想起这些，他就强忍着不发脾气，他是让着这些胡闹的二年级学生的。因为艾森豪威尔在年龄上要比他们大一二岁，论体质，他也要比他们强，但他不和他们计较。他想自己身强体壮，做各项体育运动毫不费气力，全当锻炼身体了，所以，他把二年级学生的戏谑看做是近乎荒唐可笑的行为，丝毫也不和他们计较。

给艾森豪威尔留下深刻印象的另一个侧面是：礼仪、传统、参加正式学员行列、军人的天职。就在1911年6月14日入学第1天结束时，当他和其他264名新生，一起站在检阅场上列队观看军校学员齐步而过时，他就感到了军人的英姿。学员们身着军服笔挺地踏着军乐声的节拍十分整齐地行进着，就像一个有机的整体。这种情景在当时是，而且永远是一个激动人心的场面。当艾森豪威尔宣誓效忠祖国，成为美国陆军一分子时，他感到"美利坚合众国"这几个字有了新的含义。自那时起，他将为自己的祖国服务，尽自己作为一名军人的义务。这是个庄严的时刻，艾森豪威尔始终珍视这个时刻。

西点军校崇尚过去的历史，为了对学生进行爱军爱校爱国的教育，学校建立了西点毕业的名将纪念室。这里有在美国南北战争时期担任过总司令、后任美国第 18 任总统的格兰特将军，有在南北战争时期担任过南方军队司令的罗伯特·李将军，有在北方军队中担任西线总指挥的谢尔曼将军，有以骁勇善战著称、死于围剿印第安人之战的卡斯特将军。军校还有在西点军校任教多年的美国名将温菲尔德·斯科特的坟墓。艾森豪威尔参观过这些名将的纪念室和坟墓之后深受感动，特别是格兰特将军的事迹给他留下了深刻的印象。

尤利塞斯·辛普森·格兰特将军，在南北战争期间，作为联邦军队的司令，表现了突出的领导才干。他是 1868 年共和党竞选的合理的候选人，因为没有值得重视的竞争对手，在第一轮投票中就无异议地获得了总统提名。他在接受提名时呼吁说："让我们实现和平。"

西点名将纪念室详细介绍了格兰特的生平事迹。最使艾森豪威尔感兴趣的是，这位将军并非出生于名门显贵，而是有着和自己类似的经历。1822 年，格兰特生于俄亥俄州的普莱曾特角的一个制革匠的家庭。小时候，他是一个腼腆的孩子，只是以驾驭马匹而闻名。他去西点军校求学是非常违背他的心愿的。毕业时他的水平在班里属于中等。他虽然把墨西哥战争看做是"强国欺负弱国所进行的最不正义的战争之一",但却在扎卡里·泰勒麾下作战,并且佩服泰勒,仿效泰勒那种不修边幅的作风。战后,中尉格兰特同他在西点军校时一个同学的姐姐朱丽亚·登特结了婚。1854年,当他的家眷不在身边,单身在太平洋沿岸执行单调无味的任务期间,他离开了军队。

南北战争爆发时,他正在伊利诺斯的加利纳他父亲的皮革店工作。他痛恨农奴主的统治,从而自愿从军,参加了对南方农奴主叛乱的讨伐战争。格兰特自己并不渴望晋升为指挥员,但在他39岁时,这位文静、腼腆、短粗的小个子被伊利诺斯州政府任命为一个纪律松弛的志愿团的上校,他很快地把这个团训练成纪律严明的、能征善战的部队。到了1861年9月,他成了伊利诺斯州的凯罗所指挥的部队的一名陆军准将。他回到军队后,3年内就成了联邦的陆军总司令,8年内成了美国总统。

格兰特具有卓越的指挥才能,他的最大的特点是:冷静、沉着,在紧要关头,他总是他周围所有的人都想依赖的一个人。他是一位判断极为精确、运用战术极为熟练的人。当战役的紧要关头,格兰特认识到控制密西西比河谷的重要性。1862年2月，他沿田纳西河而上，开始实现这一目标。他占领了亨利要塞，然后进攻坎伯兰河上的多尼尔逊要塞。当南部联邦司令要求停战时，格兰特回答说："除了立即无条件投降之外，任何条件都不能接受。"南部联邦军队投降了，林肯把格兰特提升为陆军少将。

同年4月6日到7日，在夏伊洛的阴暗的森林中，格兰特打了在西部最残酷的一仗，获得险胜。有人要求撤换格兰特，林肯总统却这样回答说："我离不开这个人，他能打仗。"不久，通向维克斯堡的道路打通了，格兰特熟练而巧妙地调动部队夺得密西西北河上这座重镇，这样就把南部联邦切成两半。1863年7月4日，维克斯堡投降了。1863年11月，格兰特的部队进攻了望山和传教岭。粉碎了南部联邦对查塔努加的控制，开辟了向南部纵深挺进的道路。林肯发现格兰特具有当最高司令员的才能，于1864年3月任命他为最高统帅，总统在颁发这项任命时说："国家信任你，因此，以上帝的名义，国家一定支持你。"

格兰特纵观整个战局，指挥威廉·谢尔曼向南部挺进，而他自己则留在波托马河的乔治·米德的军队里，这支军队当时正在北弗吉尼亚牵制罗伯特·李的部队。在弗吉尼亚经过一年的战斗，格兰特迫使罗伯特·李投降。1865年4月9日，在阿波马托克斯县政府所在地，格兰特书写了一份宽大的投降条款，免除对叛国罪进行审判。格兰特在南北战争中作出了卓越的贡献，对维护年轻共和国的统一和独立发挥了重要的作用。

艾森豪威尔看了格兰特的事迹后，十分感动，他决心以格兰特为榜样，努力学习，刻苦锻炼，严格要求自己。只要一有空，艾森豪威尔就喜欢到密西西比河以西的大平原上去散步，攀登峭壁，俯瞰赫德逊河，思考着西点在美国革命中所起的关键作用，思考着格兰特和罗伯特·李等人指挥军事的策略。

戏弄新生是西点丑恶的一面，艾森豪威尔对此没有好感，很显然他不愿意作为被戏弄的对象，即使作为二年级学生，也不喜欢这种恶作剧。不过还是有一次，在三年级开学时，有一次他也戏弄起别人来了。一名低年级学生在街上飞奔去执行一项命令时与他撞了个满怀，跌倒在地。艾森豪威尔惊叫起来，装作愤怒的样子，他轻蔑地问道："混蛋加德先生，你以前服过什么劳役？"接着以嘲讽的口吻说："你的模样像个剃头的。"那低年级学员振作精神和颜悦色地说："先生我是个剃头的。"艾森豪威尔窘得满脸通红，二话没说，回到自己的房间，他告诉同室的霍奇森说："只要我活着，再也不欺侮弱小的了。事实上，不要等到我再欺侮他们，他们也会冲过来把我从挤满人群的街上打跑。我刚才做了些不可饶恕的蠢事，我竟设法硬要一个人对自己为了谋生而干的活感到羞愧。"艾森豪威尔对这一件小事的反应在他四年的军校生活中具有典型性。他从西点军校接受的是积极的东西，而反对消极的东西。

他在军校过的是尽可能斯巴达式的生活。住房冬天像冰窖，十分寒冷；而夏天又像火炉，十分闷热。吃的食物粗糙无味。夏天不间断地进行操练，烈日炎炎的时候也不例外，余下的时间就用来背诵功课。这种单调、难受的生活，还只是个开头。西点的首要目标是养成军人品质。为此目的，西点把学员敲打、塑造、锤炼成基督绅士和军官的固定模式。一切行动都要循规蹈矩。从清晨醒来时起，一直到最后闭眼睡觉为止，一天的生活都有严格的安排。当普通大学正在摆脱19世纪的约束时，西点还是牢牢抱住传统不放。正当整个国家在政治、经济、风尚以及技术方面经历着急剧的变化时，西点却在有意识地培养无时间感。督学休·斯科特解释说："西点不是改革的对象……

西点在它的壮丽的道路上前进……安全地向前进……不需要剧烈的变革。"在艾森豪威尔入学之前不久毕业的亨利·阿诺德回忆他的学员生活时说："我们按照法规，按照……从格兰特当学员时起……一直没有改变的每天规定的老一套……生活着……"

西点甚至比阿比伦更与外界隔绝、更闭塞。西点像阿比伦一样有着十足的自满情绪；像阿比伦一样掌握着上帝启示的真理，觉得不需要去检验。这种真理增强了艾森豪威尔在成长过程中所接受的许多教育。在密歇根，埃德加生活在知识的骚动之中——对什么都提出疑问，对什么都不接受。在西点，艾森豪威尔则奉命接受教给他的一切东西，并把它记牢。

艾森豪威尔进入西点军校时，身高5英尺10.5英寸，是最魁梧的年轻人之一。所以他被编进身材最高的士官生得以编入的下连队。这使他的自尊心得到满足。艾森豪威尔学习的内容极为狭窄，并且技术性很强，侧重土木工程和军事工程。任课教官毫无例外都是美国军事学院的毕业生。教学方法自1812年战争以来，从来没有改变过。每天，在每个班级中要求每个学员背出标准试题的正确答案，并对每一次答题的分数都仔细记录下来。

教官的水平常常比学生好不了多少。有一天，上积分课的教官把艾森豪威尔叫到黑板跟前，让他解答一道又长又复杂的题目。教官事先解释过这道题，并给予答案。但是由于艾森豪威尔知道教官显然是把抄袭的答案写出来了，所以他当时没有认真去听教官的解释。等教官把他叫到黑板前时，他冥思苦想了一个多小时，终于用另一种更简便的方法解开了这道题，但这下可把教官气坏了。他打断艾森豪威尔的解释，因为他根本不相信一个学生会用另一种更简便的方法解题，所以他一口咬定艾森豪威尔是抄袭了答案，再开始胡说一通使用什么简便方法。艾森豪威尔最不能容忍的是别人说他欺骗，因为他一直是一位诚实的人。他开始强烈地抗议教官的无理，几乎出现被指控不服从领导而立即被开除出校的危险。这时正好数学系的一位高级军官走了进来，他问清原尾后，要求艾森豪威尔再解释一遍他的解题过程，于是艾森豪威尔解释了一遍，接着这位高级军官宣布这种解题方法是正确的而且是一种更简便的解题方法，并命令把这种方法纳入数学系的教学方案中。

艾森豪威尔脱离了危险，但只是幸免，因为学院当局通常是不可能作出变通和同情的。在大多数情况下，军校不允许讨论或者探求新的答案。语文课只做作文，从不阅读文学作品，根本不注意培养学生的阅读能力。历史课只讲事实，从不问究竟。各科学习都是死记硬背，因为艾森豪威尔在中学的时候对这种教学方法就已经非常熟悉了，所以他不用花费太大的力气便能取得好成绩，并且轻易地名列前茅。他的语文成绩特别好；有些学员要花上好几天才能完成一篇作文，他只要用上课前半小时便一挥而就，并且还能获得高分。西点对好文章的主要要求是条理分明地叙述事实。到一年级学期结束时，班上的学员已从265名减少到212名，他的语文成绩在他班上名列第十。

对其他学科，艾森豪威尔却甘居中游。他喜欢同学们与他竞赛。这是他童年时期就已养成的性格。这些同学一般都和他一样是白人（从美国内战到第一次世界大战这段时间里，西点招收了13名黑人学员，已经毕业的有3名），都是基督教徒（几乎没有犹太教徒，只有不多几名天主教徒），农村或小城镇中产阶级出身，聪明，好学，上进，并都是运动员。艾森豪威尔所在的那个班级后来成为西点历史上最有名的"明星辈出的班级"。在1915年班上有164名同学毕业。其中有59名获得准将或准将以上军衔，3名获得上将军衔，2名获得五星上将军衔。在这些将军中有费农·普里查德、乔治·斯特拉特迈耶、查尔斯·里德、斯塔福德·欧文、约瑟夫·麦克纳尼、詹姆士·花费利特、休伯特·哈蒙和奥马尔·布雷德利。这些人艾森豪威尔都认识，也都喜欢他们，特别是布雷德利，他和艾森豪威尔结下了深厚的友谊。艾森豪威尔在1915年《榴弹炮》年鉴上是这样介绍他的："布雷德利最重要的特点就是'誓获成功'。如果保持开始时的速度，我们中间始终有些人会夸耀说，'当然，布雷德利曾是我的同班同学'。"

　　西点的制度就是挖空心思找出违反准则的人，并把他们淘汰掉，通常是得到成功的——埃德加·爱伦堡是1830年的学员，痛恨这块被上帝遗弃的角落，学习不满一年，就退学走了，因为他不能忍受这里的管理和某些制度，认为这样只能束缚人的自由发展，所以他一走了事。其他学员不像爱伦堡那样极端，他们对学校的某些规章制度不满意，他们都愿意试探或改变一下规章条例，看一看有什么空子可钻。当被校方逮住时，学员或多或少的都乐意付出受罚的代价。艾森豪威尔便是其中的一员。他在军校读书时干的一些胡闹事，待到他进入耄耋之年，还津津乐道地回忆，就好像是他首创似的，而实际上只是各届军校学生传统模式的一个组成部分，他们做到了既不失个性，又能顺应西点的要求。

比如，在西点军校，吸烟是被严格禁止的事。"越是这样"，艾森豪威尔干脆地说，"我以前从不吸烟，可这时，我开始抽起烟来。"他抽的是自己卷制的布尔·北拉姆纸烟。他抽烟的习惯就这样开始养成了，后来越抽烟瘾越大，逐渐养成了一天抽4盒纸烟的习惯。根据他的医生的劝告，他于1949年才彻底戒了烟。对于艾森豪威尔偷学抽烟，同室同学不赞同，其他一年级学员也担心不已。不管怎样，艾森豪威尔还是要抽。结果有一次被军官当场逮住，罚他步行军几小时，或关几小时禁闭，目的是让他戒烟，可他还是继续抽。

这仅仅是一次微不足道的叛逆行为。在艾森豪威尔的天性中，他不喜欢被条条框框的规章制度所限制，所以他本能上不能也不愿意按照军校的规定把自己的房间收拾得干干净净，被子叠得整整齐齐，往往要违章，不是被子叠得不合格就是床底下乱扔东西，要不就是杯子乱扔在桌子上，再不就是牙具没放整齐；列队出操或是轮到他站岗时，经常迟到；时常违反条例，衣冠不整。艾森豪威尔为违章所付出的代价就是记过处分，这使他在班上最后评分时名次下降，在他班上164名毕业生中，他的品德名次是

125 名。他对此毫不介意，一点也不把这件事放在心里。他后来曾说，他当时嫌恶那些终日为记过和成绩差而担惊受怕的同学。他感到那些同学为了不使自己违反规章制度，而循规蹈矩地生活实在是活得太累。他自己不希望也不愿意活得如此小心谨慎，而约束自己的本性。在第二次世界大战期间，当他获悉他的一名军校同学获得将军军衔时，不禁惊讶不已："天啊，他一直是一名不敢越雷池一步的人呢！"在他的眼中太循规蹈矩的人，是不会有太大作为的，因为思想、行为被束缚住了，那么就会影响智力的发挥，那样自我发挥的机会就很少了，而成大事的人往往是一些思想活跃的人。

艾森豪威尔最爱讲述的有关在军校胡闹的事，就是有时候故意拘泥于条例和命令的字句。有一次艾森豪威尔和另外一名叫阿特金斯的同学违犯了条例。一名叫艾德勒的候补士官当场把他们给逮住了，并命令他俩在吹过归营号以后，穿着全套军服到他办公室报到复命。他们两人一商量，决定气一气这位候补士官，于是那天晚上在吹过归营号以后，他们两人上身穿一件军服外套向艾德勒报到复命。这一招是西点学员传统绝招之一，埃德加·爱伦堡曾经这样干过。艾森豪威尔和阿特金斯得到了他们所期望的报答，他们两人一出现在艾德勒的办公室的门口，艾德勒当场就气得暴跳如雷，满脸涨得通红。他朝他们两人吼道，要他们两人在吹过熄灯号以后系上子弹带，扛着步枪，穿上全套军服再回来报到。要是身上再缺一样东西，今后一星期你们每晚都要穿戴整齐的上我这儿报到。他们遵照命令，笔直站立被训斥好长一段时间，吃足了苦头。不过他们和他们的同学们当听说艾德勒被气得那样时，都开怀大笑，并认为艾森豪威尔他们两人吃点苦头是值得的。

艾森豪威尔逃避军校枯燥的生活的主要方式并不是恶作剧，而是置身于体育运动。艾森豪威尔从最初到西点军校学习起就表现出自己是个优秀运动员。由于在军校非常流行的运动中取得了成就，使他在同学中享有威望。艾森豪威尔很快就牢固地跻身于西点军校的士官生中间。在这方面，他那能使周围的人对他产生好感，能与具有各种观点、志趣和性格的人建立并加强联系的能力确实帮了他不少的忙。他后来说，在西点军校"除了一心一意要获得大学教育外，只有体育对他有推动力，其他别的几乎都没有"。在一年级时，他参加卡伦姆·霍尔橄榄球队，即低年级学生代表队。整个冬季，他参加室内田径运动，练习起跑以提高速度。在中学时，艾森豪威尔的跑步速度很慢，在进入西点军校以后，他加强了自己在这方面的训练，通过训练他起跑速度有了增强。为了增强腿部和手臂的肌肉，他练习体操。为了增加体重，他吃得感到肚子发胀。在春季里，他打棒球。奥马尔·布雷德利和他在同一个队。到了1912年秋，他体重达到174磅，速度、体魄、身材都超过了以往任何时候。他下决心要参加校队。第1场练习赛中，他表现不错。经过一番争夺后，教练欧内斯特·格雷夫斯叫他去领一件新的合身些的球衣，不言而喻，他是块当校队的材料。这样，艾森豪威尔的梦想实现了。用他自己的话来说，他是一帆风顺、平步青云了。

艾森豪威尔由于提高了奔跑速度，他从前锋转为后卫，陆军队的优秀攻门球员杰费里·凯斯在比赛开始之前就受了伤，艾森豪威尔在与史蒂文斯学院队的那场比赛中率领全队取得了胜利。接着在下一周战胜拉特格斯队的比赛中，他又成了全场引人注目的明星，《纽约时报》把他描绘成"东部橄榄球队中最有发展前途的后卫之一"，并用两栏位置刊登了他凌空劲射的照片。斯威德·黑兹利特当时在海军军校读二年级。他把这张照片从报纸上剪下来，贴在室内的墙上。他回忆说："当报纸的体育版上登载了陆军球队中一名新的出色的后卫,技术全面,总是冲着对手满场飞奔时,安纳波利斯队十分惊异。"《西点年鉴》在报道战胜科尔善特队的情景时,这样写到:"艾森豪威尔在1/4决赛中势不可挡。"艾森豪威尔引起了美国最风行的橄榄球运动专家们的注意,一些报纸都"预测艾克将闻名全国。"

艾森豪威尔对其他的一些运动项目——拳击、摔跤、击剑、游泳也有良好成绩。人们对这位意志坚强、刚毅的士官生的评价是:"如果有必要的话,他可泅水横渡英吉利海峡,与敌人短兵相接。"

橄榄球是艾森豪威尔最喜爱的体育项目,他的名字和肖像刊登在所有体育报刊上。在1912年11月9日,陆军队与卡莱斯尔印第安学院交锋,该院的明星是吉姆·索普,他是1912年奥林匹克运动会上田径5项运动和10项运动的全能冠军。尽管陆军队采用"盯住索普"的紧迫盯人的战术,索普还是满场飞,他在奔跑中2次底线进球,一次45码外远距离射球破门。他妙传过人,射了几个漂亮的球。由于索普是印第安学院的场上灵魂,于是艾森豪威尔与另一名队友商量好"上下夹攻"索普,这样索普被他们两个人的战术限制住了,无论是往左还是往右由于艾森豪威尔和队友的死盯，所以他的技术再也难发挥了。这个战术奏效了，陆军队的后卫祝贺自己的战术获得了成功。但陆军队还是高兴得太早了。开始时他们估计这种破坏性的计谋会使索普在下半场技术很难发挥出来，"但是"，艾森豪威尔后来在描述这一细节时兴高采烈地大声笑着，对睁大眼睛倾听他讲述的兄弟们说："你们猜猜那个印第安人下半场发挥得怎么样？他振作精神走到后场去商量了一下，接到传来的球，在全场奔跑中，越过防守，一记妙射球又被他射中了。"结果跛着腿下场的不是索普，而是艾森豪威尔，那场球陆军队大败。尽管陆军队踢败了，但是由于艾森豪威尔在这场球赛中发挥出色，所以"堪萨斯的旋风"、"堪萨斯的龙卷风"等美名不时出现在向读者介绍有艾森豪威尔参加的球赛情况的美国许多报刊、杂志上。对这位新出现的运动员的看法是一致的。一颗球坛新星升起来了，不只是美军的，而且也是全国的。

艾森豪威尔球运亨通，但好景不长。在接下来一个星期对塔夫脱队的比赛中，艾森豪威尔由于不小心扭伤了膝盖，被抬下球场，膝盖有些红肿。他在医院里待了几天。开始时他还没有意识到问题的严重性，他以为在医院里治疗几天就会好的。他和他的队友们都希望他早日康复，好参加本季度与海军队的最后决赛。但是他和他的同学们都想错了。他在医院里躺了30天。西点军校的外科大夫塞勒在让他出院时，警告他今后必须谨慎，并时刻记住膝部受过伤。艾森豪威尔离开医院时真诚地感激大夫的精心治疗和忠告。"不要感谢我"，塞勒回答说，"我这样做是工作需要。我们不能失去像你这样的优秀前锋。"回到连队后不久，艾森豪威尔就投入到练习中，想参加本季度的决赛。但是好景不长，有一次艾森豪威尔同其他士官生一起参加练习骑马术。别的士官生在疾驰中潇洒地跳下马来，随即又迅速地跃上马鞍；而他骑在马上不慌不忙地绕了一圈又一圈。就在不远处的教练，并不想弄清楚他这次行动失常的原因，却当众侮辱他，说他是装假。艾森豪威尔气坏了，他没想再向这位教练解释什么，就一言不发地开始做难度大的骑马动作，剧痛立即透入膝盖，他从马背上摔了下来。同学们将艾森豪威尔背进了医院。由于上次伤没好利索，而这次又从马背上摔了下来，膝盖砸碎了，软骨和肌腱撕裂得很厉害。塞勒大夫给他的腿打上了石膏，伤口疼痛难忍，好几天几乎连觉都不能睡。当传来海军队获胜时，他的情绪更低落了，神情也更为沮丧。"看来我再也不会高兴了。"他写信给鲁比·诺曼说，"小伙子们过去是叫我'开口笑'吉姆，现在可都管我叫'死板脸'。这主要归罪于我没有参加的那场比赛。不管怎么说，我现在肯定变成一个脾气极坏的人，你恐怕难以认出我了"。

当医生给他拆开石膏绷带告诉他说今后再也不能玩球时，他的心情坏到了极点。他感到生活一下子失去了意义，以至同寝室的同学多次谈起他可能离开学校。他后来回忆说，这次受伤给了他很大的打击，雄心几乎丧失殆尽。"这是艾森豪威尔橄榄球职业的终结，并且几乎断送了他的军人前途。"两年半后，在进行出院前检查时，塞勒大夫对于德怀特是否适宜于服兵役表示十分担心。

重伤使他终身落下病根，不时还得使用弹性绷带。现在玩橄榄球已经不可能了。但他没有放弃从事体育运动，打棒球、游泳、做体操。据他儿子约翰说，艾森豪威尔在中年时仍能在双杠上轻松自如地做只有专业运动员才能做的最复杂的动作，甚至在50岁后能打一手好网球。在年迈时仍是个高尔夫球迷。经常从事体育运动使他的体力不断增强。他的一位传记作者指出，在西点军校毕业多年后，他仍然能单臂作3个引体向上。

橄榄球事业的破灭对艾森豪威尔来说，是他在校学习期间精神上最沉重的打击。还发生了一些不大愉快的事。在第1学期末，艾森豪威尔在服役的阶梯上刚迈了第一步，授予他军士衔。但是很快又降为士兵，因为艾森豪威尔的纪律十分松懈。1952年，艾森豪威尔在总统选举获胜时，他收到西点军校从档案里摘抄来的材料。这份材料罗列了他在西点军校学习期间所受到的许多种种处分。这份清单令人产生十分强烈的印象。他常常因起床号响过后不能立刻醒来受到纪律处分。他接连受到处分是由于进食堂迟到、军风纪不正、列队迟到、破坏队形、床下放脏鞋、晚点名迟到、在禁止抽烟的场所抽烟，甚至连出操也迟到。有一次受到处分是由于在接受视察时竟睡着了。

更严重的是由受伤引起的心理上的创伤。如果说他在班上212名学员中以第57名的成绩修完第1学年的话，那么第2学年他在班上留下的177名士官生中，只是第81名。

1913年根据西点军校的规定，艾森豪威尔可以享受回家1个月的权利。这是他一生中离家长达两年后，第一次回到阿比伦。火车于晚间到达这个城市，没有人来接他，因为他没有通知家中自己要回去。艾森豪威尔一口气跑完了从车站到家的不长的路程。最后抵达家门，母亲手执提灯相迎。当艾森豪威尔看到母亲由于儿子突然归来而万分高兴的时候，自己也不禁激动起来。

艾森豪威尔家里发生了变化。父亲最终离开了工作多年的油坊，到不久前创建的瓦斯厂任管理人员。母亲在过去的两年间变化不大，身体虽然瘦弱，但没什么大病，每天仍在辛苦操劳着家务。如今，家中只剩下两个弟弟——厄尔和密尔顿。对他俩来说，艾克穿着在阿比伦先前从未见过的漂亮的士官生军服回来，简直比过节还要隆重。厄尔回忆说，艾森豪威尔是这个城市的英雄，他也乐意担当这个角色。"他竭力以自己的博学和举止给我们留下深刻的印象，不放过身穿西点军校的军服在城镇走走的机会……"

艾森豪威尔在阿比伦遇到的童年时代的朋友之一是韦斯利·德利菲尔德，他是艾森豪威尔当年在这个城市争夺拳击绝对冠军赛的对手。艾森豪威尔从他那里听到了在当地的一家理发馆当门卫的黑人德克·蒂勒的情况。这个身体特别健壮的年轻人是个不凡的拳击手，甚至几次去堪萨斯参加职业拳击比赛，德克毫不谦虚地说，堪萨斯的任何一个拳击手都是他的手下败将，并表示愿意与艾森豪威尔较量一番。

这两个人的较量立即招来了一大群拳击爱好者。观众中有脸上擦满肥皂的理发馆的顾客，他们生怕错过这个惊心动魄的场面，艾森豪威尔明白他面临的任务不轻。他的对手身材高大而健壮，筋肉像棒球一样在他黝黑的皮肤下滑动。何况他自己的膝盖酸痛，还绑上了弹性绷带。这次拳击完全是照章进行的。拳击者戴上手套出场。理发馆老板在场上执法，他还把全部助手带来。决胜是艰难的，第1个回合德克取胜。经过奋力拚搏，艾森豪威尔终于赢得了第2个回合。最后两人握手言欢，结成拳击场上的朋友。

　　假期迅速逝去。休假使艾森豪威尔重新振作起精神，那年秋季他返回西点后，便设法通过长跑来治疗损坏的膝盖。在他此后一生中，只要用力过猛，膝盖就可能脱臼；虽然他的橄榄球生涯结束了，但他对这项运动的兴趣却丝毫未减，他成了啦啦队队长，这使他第1次获得了公众代言人的经验——在重大比赛的前一个晚上他总是向全体军校学生团成员发表谈话，告诫他们明天下午一定要像球迷一样竭尽全力去拼搏。

　　就像所有的真正的球迷一样，他的情绪随着自己球队的输赢而起伏波动。"各个环节都出毛病，"他在1913年秋给鲁比·诺曼的信中写道，"球队上星期六输给了诺特·戴姆队，虽败犹荣。眼下唯一棘手的事就是与墨西哥队的那场比赛已迫在眉睫。我们还是可以鼓舞起士气的。但愿能够如此——至少是这样。"两个星期后，由于战胜了海军队，他在心情激动之余，把契维拉队以及在墨西哥可能要担当的重要任务都忘却了。他写信给鲁比说，"我从纽约回来了，我们肯定耍了花招——22比9啊！真的，我快活死了，当然我不能领头纵情狂欢，因为我身上穿着军服……我实在太高兴了，简直快达到疯狂的程度。"

他对橄榄球的热情，加上他对橄榄球运动中错综复杂的情况的深入研究，使球队教练建议由他来担任低年级代表队的教练。他十分卖力，并取得了成就。不断给校队输送球员，比赛大都获胜。

他当教练所取得的经验，以后还有着更多的经验——加强了他对这项运动的热爱。像其他许多球迷一样，他使橄榄球成为一种不仅仅是比赛输赢的体育项目。教练的工作使他的最优秀的品质得到表现——他的组织能力、他的精力和竞争精神、他的热情和乐观精神、对自己爱好的工作愿意全力以赴地去干的精神、集中注意力的能力、从实际出发而不抱没有条件实现奢望的才干以及使队员们发挥特长的天赋才能。在第二次世界大战期间，他的许多同事把他作为一位将军的指挥艺术，与橄榄球教练们的技术相比，在场线上走来走去，敦促队员们向前推进。艾森豪威尔在与军长和师长们私下谈话时，以及在他的《从军日志》中，广泛使用了橄榄球俚语，敦促他的手下"持球向左或向右侧大幅度迂回"，"攻击防线"，"突破"，和"把球射过决胜线"。

尤其是作为一位将军和总统，他特别强调整体配合。在逝世之前，他写道："我深信橄榄球或许比其他任何一项运动都更给人以这样的感觉，胜利是通过艰苦的几乎是奴隶般的工作，协同作战，自信和献身的热情而取得的。"千百万美国人都会同意，玩橄榄球或当橄榄球教练的工作可以造就能脱颖而出和把事情办好的人才。

他担任啦啦队队长和橄榄球教练的活动，使他更受人欢迎。艾森豪威尔的军校同学格契尔上校在事隔多年之后回忆说，艾森豪威尔是个性格坚强的人，具有出色的品质——认真倾听交谈的对方谈话，不随便打断别人的话头，能迅速找出头绪，提出必要的建议、分析情况。他常常关怀人，准备帮助人。他能对错误放任不究，如果他认为犯错误的人是正直的，但是决不放过粗暴犯错误的人。

西点军校的一个教员回忆说:"艾森豪威尔是个能使人产生好感和容易相处的人。他懂得善意的玩笑,而且笑得富有感染力,是发自内心的。他是非常温和和宽厚的。但是当他失去自制力的时候,就无法遏止。他简直是震怒不已。"斯威特·黑兹利特在1915年西点举行6月校友联谊会前两周,从安纳波利斯毕业,到西点来探望艾森豪威尔。"看到他受大家的喜爱和钦佩是不足为怪的",他回忆道,"要是他不参加那么多的课外活动,他便能轻而易举地在学业上领导他的班级。个个都是他的朋友——但又不失尊严和身份。他不与任何人争名次,这也是他受人喜欢的一个原因——他在164名中名列61。"

官方评价却不像斯威特那样好。"我们从他身上看不到他有出众之处,"一位战术军官这样写道,"他是一位会热爱军队生活的人,对职责和娱乐一样重视,但我们从他身上没有发现他是一个不顾一切地扑在工作上的人。"但另外一位军官,或许比较热爱橄榄球,把艾森豪威尔写成"天生具有指挥才能"。

1915年6月12日,军校结业的隆重的日子到了。根据惯例,双亲被邀请参加军官毕业典礼。艾森豪威尔的父亲和母亲从遥远的阿比伦来到西点军校。

艾森豪威尔在第1学年末被撤掉刚刚授予的军衔时受到的挫折，不久就过去了。重又得到了军士，尔后是中士，最后是上士的军衔。他的成绩并不是很出色的。在168名毕业生中只占第61名，操行排在第125名。诚然，纯军事科目，如工作训练，炮兵学和别的课的成绩要好些。

1915年6月12日西点军校考试委员会作出决定，授予毕业生德怀特·艾森豪威尔以美军尉官军衔。

在军校的4年，艾森豪威尔学到了很多的东西。他首先学到了自己的专业。西点给他打下了从事军官生涯的坚实基础。他熟悉陆军的习俗、行话、传统、组织。他懂得怎样行军，怎样使用步枪和小型火炮，怎样骑马，怎样架设简单的渡桥或构筑防御工事。他精通数学和地理，物理和化学也还可以。他懂得怎样写作战命令。他知道大量的有关军事史的知识。

他清楚地知道，一名陆军军官应当怎样做才够格。他学习的军事艺术史课程着重介绍伟大的将领，以及他们每个人的特点，仔细地给军校学生们描绘出理想的军事领袖的形象。艾森豪威尔懂得，一名好的军官具有高尚的动机，是把自己的一生奉献给祖国的人，是一位能够审时度势、当机立断坚持决策的领袖。他是个衣着整齐、彬彬有礼的绅士，积极完成自己的职责，把怠惰和漠不关心看作是一种缺点。他是一名无私的队员，荣誉感迫使他努力做到诚实和真诚，而痛恨欺诈、模棱两可或者闪烁其词。他在肉体上和精神上都勇敢无畏。他重视军阶的权利和责任，对自己的职业感到自豪。

军校学员艾森豪威尔，除了正规的学校课程以外，生活在一整套看法和观念之中。尽管没有说出来也没有得到公认，但几乎每个军校学生都潜移默化地同样受此影响。在这些看法中，有些艾森豪威尔在其一生中恪守不渝，而另外一些则逐渐地被他抛弃了，但这全都是他所学的教育内容。他作为总统所表现出来的许多长处和短处，都可以从1915年左右美国陆军和西点军校的知识背景中追溯其根源。

首先要注意的是，军校如何竭力地抑制高等学校和美国社会上的各种倾向。西点的舆论，明显地不同于像密歇根大学那样的高等学府。密歇根是思想自由和进步的，而军校则思想保守顽固。在密歇根，个人是至高无上的，而在西点则集体高于一切。密歇根鼓励质疑，而西点则强调服从。密歇根全神贯注于未来，而西点则专心致志于过去。密歇根乐观，而西点则悲观。密歇根相信人类可以达到完美的程度，而西点则对此嗤之以鼻。

当进行内心省察时，军官们把自己看作一台良好的机器的组成部分。个人的才华被认为，即使不是危险的，也是多余的。协调配合是关键。战争已变得合理化和程序化，德国总参谋部便是个模式，那里的每个军官都能担当起任何别的军官的工作。这是共同合作的理想典型，几乎完全与一般美国人崇尚的十足的个人主义信念背道而驰，但是却为军官团所恪守不渝。西点人把自己看成是不同于平民百姓的优秀人物。他们难以抑制对一般老百姓的蔑视，虽然把他们自己的平民朋友们视为例外。他们非常厌恶拼命捞钱，对那种市侩的极端个人主义，不屑一顾，对与之相连系的权术也同样不屑过问。

陆军军官应把自己看做是不过问政治的人，这是审慎和必要的，这是军校的教导。他们的观点是，军人的职责就是接受命令，执行由总统决定的政策，绝不自己制定政策，从这个前提中引导出一些推论，其中对艾森豪威尔有着最直接影响的，是坚信政治与军官职务是泾渭分明的。据 1915 年估计，在军官中参加过投票的不到 1/500。军官提名为政治职务候选人的事，是不可想象的。这不仅在理沦上是如此——格兰特将军在政治方面的不幸经历，被认为是超脱党派政治的军人明智之举的一个实际教训。这方面的楷模是谢尔曼，而不是格兰特。

　　西点军校给学生灌输的又一思想，就是新生总统的卓越地位。军官们不去考虑总统作为政党领袖的作用，而集中注意力于他担任的总司令的任务。总司令是从他开始一直伸展到士兵的这根神圣不可侵犯的指挥锁链的总头。对比之下，国会是党派政治的舞台。"如果说军校学员学到了什么信念的话"，艾森豪威尔的一位教官说，"一般的说就是蔑视十足的政客和这些政客欺骗性的行事原则。"艾森豪威尔一生中几乎有 20 年时间在华盛顿与国会议员们共事，他一再激烈地表示他对政客们的蔑视。对他来说，就像对大多数的军官一样，喧闹和鼓噪声总是来自国会山，而不下达明确命令的则是白宫。

　　这些态度提高了总统职务的地位，其根据是一种不真实的见解：总统是凌驾于政治之上的。当然他们很了解、很清楚总统是最大的政客，但是他们通过强调总统的职务而不是总统本人，来使这个命题可以成立，至少使他们自己相信。

　　德怀特·艾森豪威尔，作为一名学校学员和青年军官，吸收了大部分的军人偏见、自负和传统。许多一般的观念与他自双亲处或阿比伦所学到的东西完全合拍，也是他的体育运动方针的一部分。贯穿于艾森豪威尔全部教育内容之中的是献身的思想，以及从这种思想中推导出的责任感。他的这种思想来自父亲戴维和母亲艾达，来自故乡阿比伦，来自他所热爱的体育运动，尤其是来自西点军校。罗伯特·李曾经说过，责任感是英语中最美的词。艾森豪威尔对此有同感。

幸福家庭

艾森豪威尔毕业于1915年6月。他不由自主地进了西点军校，作为一名学员，他又随大流一起完成了学业。他获得了需要的免费教育。但是虽然军校磨砺了他的责任感，却没有使他产生一种当军官恪尽职责的强烈愿望。当西点军校的医生告诉他说，由于膝盖受伤，可能无法在军队任职时，他耸耸肩膀，不吭一声，就转而去阅读有关阿根廷的著作。他模糊地认为他可以在南美边境闯荡一番。医生说他可以在海岸炮兵部队服役，这意味着一种很少活动的工作，对膝盖也不会有太大的影响。艾森豪威尔拒绝了。最后医生说，如果他要求参加步兵而不参加骑兵，可能有好处，艾森豪威尔同意了，主要是因为他舍此别无其他更好的出路。

他选择菲律宾作为服役的地点，在全班是唯一的。他喜欢菲律宾主要是因为他喜欢那里的异国情调，而不是他在那里可以很快得到晋升。在远东服兵役将使他有机会观察世界。他购买了夏季的军装，利用毕业假期去阿比伦省亲。1915年9月，他接到了调令，不让他去菲律宾，而是命令他去得克萨斯州圣安东尼奥郊外的休斯敦萨姆堡报到。1915年9月15日，西点军校毕业生艾森豪威尔少尉抵达到任地点。这使他回到了出生地、熟悉的西部草原。生气勃勃的少尉满意极了，在得克萨斯州一切几乎都像在家里一样：一望无际的辽阔地带、像堪萨斯一样的牛仔、气候、景观。艾森豪威尔在公余喜欢骑上马，奔驰在广阔的草原上。他决定，只要他当一天军官，就要尽力当一名军官。这是决心而不是雄心，是出于义务和责任感，而不是竞争心的驱使，因为他感到随着他体育生涯的结束，竞争心也就不复存在了。

休斯敦萨姆堡是陆军中最令人羡慕的地方，因为1915年时，那里的生活从容悠闲，服役意味着享福。任何能力强的军官在中午前或更早些，就可以把当天的任务完成，在余下的时间里可以去猎取野鸽或野鹿，到处骑马驰骋，参加愉快的社交活动，有跳舞，穿着漂亮的军服去炫耀自己，进行正式或私人拜访，单身汉联欢会和玩扑克牌，这些恰好与艾森豪威尔爱交游的性格不谋而合。他觉得他喜欢在南方生活并在美国陆军中当一名军官。

艾森豪威尔本人还未到而他橄榄球教练的名声却早已

传开了。所以在他抵达后不久，当地的一所军事学校就聘请他当该校的橄榄球教练，比赛季节薪金 150 美元。这在当时是一笔不小的数目。因为军队中的纪律，所以艾森豪威尔少尉推说，他们军官上午要执行任务，下午事情也比较多，所以不能接受这个职务。隔了几天，萨姆堡要塞司令费雷德里克·丰斯顿对他说，"如果你愿意接受聘请的话，我将感到非常的高兴。而且对军队来说也是莫大的荣幸"。艾森豪威尔回答说："遵命，司令。"于是在那年的秋季他就当上了教练，并赢得了胜利。在下一季的比赛中，由于成绩出色，他就被提升为大学队教练，在圣路易斯学院任职。在艾森豪威尔的指导下，球队第一场打成平局，后连胜 5 场，只是在最后争夺联赛冠军时，才被击败。

1915 年至 1916 年冬，美国和墨西哥的边境发生了军事冲突。当然规模并不大——潘乔·维拉及其手下的非正规军袭击了新墨西哥州的哥伦布，不过这是美国在菲律宾暴乱以来的第 1 次军事行动。就像大多数新毕业的西点军校的学生一样，艾森豪威尔申请参加约翰·潘兴将军率领的远征军，他的申请遭到了拒绝。相反，陆军部把他派到国民警卫队在边境流动的一个团去担任训练工作。很快他把陆军部看作是一个"笼罩在迷雾里的部门",所作决定稀里糊涂。

讨伐队刚凯旋回来——维拉没有被逮住,紧接着下一步的战备工作就开始了。艾森豪威尔被派往新成立的陆军正规部队的一个团——第57步兵团,任军需官。有3000名新兵来到萨姆堡边上的威尔逊军营,上级给了他3天的时间作准备。艾森豪威尔懂得在军队中办事的最基本诀窍之一,他与军需主任交上朋友,于是成功地领到了更多的帐篷、步枪、军鞋、军服等。他还学到了另一个诀窍,下级军官抱怨伙食不好,便会被派去当伙食军官。艾森豪威尔就当上了伙食军官。他和团里的副官沃尔顿·沃克上尉都很懂得使团长高兴,下级军官的事就好办了。他们的团长贝克上校对伙食是很讲究的,既为讨好上校,又能使自己散散心,艾森豪威尔和沃克两人早上4点钟就起身,骑马到营房边打野鸽子给上校做早餐,到8点端上餐桌。

执行任务、打猎以及当橄榄球教练,几乎把他所有的时间都占满了。在这一段时间,他交上了几个终生的挚友,如沃尔克,伦纳德·杰罗,伟德·黑斯利普(这几位中校后来个个都当上了四星上将)。

就在这年秋高气爽的10月,爱情撞入艾森豪威尔的心扉，这位少尉开始恋爱了。原来年轻的少尉并不是女性特别热烈的爱慕对象，他也不愿意结婚，而且还是不喜女色者团体之类的秘密协会的成员。参加这个协会的除艾森豪威尔外，还有他的两个同学。他们是如此"始终如一"的独身男子，3人都在西点军校毕业1年之后结了婚。

说来也巧，那是一个星期天的下午，那天艾森豪威尔是值勤官。他身穿笔挺的新军装，皮靴擦得光亮，挎着一支左轮手枪，从单身军官宿舍出来查岗。在街对面军官俱乐部的草坪上有一些妇女坐在帆布椅上晒太阳。其中一位名叫鲁露·哈里斯夫人，是亨特·哈里斯少校的妻子。她看到艾森豪威尔便喊道，"艾克，怎么不过来呀，我想介绍你认识个人。""对不起"，艾森豪威尔回答说，"我在值勤，还没去查岗呢。"哈里斯夫人转过身对女伴咕哝着，"哼，嫌恶女性的军人"，她回过头瞧着艾森豪威尔，重新喊道，"我们并不打算请你过来就把你留住不放，只要你过来一下和我的朋友见见面就行了。"

艾森豪威尔越过马路向这些女士们彬彬有礼地问候。有一女孩立即引起他的注意，他后来回忆说："她是一位活泼可爱、富有吸引力的女孩子，个子比一般人小，脸上和仪态流露出一种愉快的神情。"她穿着一套浆过的洁白的亚麻布套裙，戴一顶黑色的宽边帽。她刚来得克萨斯度秋季——夏季她住在丹佛——正在重访萨姆堡的许多旧友。她18岁，有两个妹妹。她的姓名是玛丽·吉尼瓦·杜德，不过大家都叫她玛咪。艾森豪威尔双肩宽阔，穿着军装容光焕发；踩着坚实的步伐从单身军官的宿舍走出来时，给她第一印象是"他是个彪形大汉"。当他走近时，她又想，"他差不多是我见过的最漂亮的男子"。艾森豪威尔邀请她一道去查哨时，她答应了。

次日，玛咪出去钓鱼回到家时，侍女告诉她一姓艾什么的先生整个下午每隔一刻钟就来找她一次。电话铃响了，是艾什么先生打来的。艾森豪威尔正式邀请"杜德小姐"晚上去跳舞。她回答说她已邀好别人了。明天呢？她有了约会。日期一再往后推延，最后约定4个星期后去跳一次舞。他已得到她的欢心。在挂断电话之前，玛咪动了感情——"我一般5点左右在家"，她说，"哪一天下午来都可以。"艾森豪威尔说他明天就来。

接着便进行热烈的追求。艾森豪威尔喜欢杜德家所有的人，这使玛咪很高兴。因为她与母亲和姐妹非常亲密，而且崇拜父亲；而约翰·杜德也喜欢艾森豪威尔。由于膝下无子，不久就把他当作亲生儿子看待。艾森豪威尔非常喜欢杜德夫人，即使玛咪不在家也去看望夫人。他的热情影响了杜德全家，原来除了父亲以外，全家的人对体育都不感兴趣。但艾森豪威尔频繁地谈论他担任教练的那个球队，以至于全家也开始去观看比赛。不久连女孩子们也疯狂地为"艾克的孩子们"欢呼叫好。

但是真正具有吸收力的当然是玛咪。艾森豪威尔说服她取消了一切约会：他们每晚双双外出。他每月141元多的薪金，尽管还加上打扑克赢得的钱以及当教练的薪金，他俩也只能在墨西哥人饭馆花块把钱吃一顿，每周也只能上轻歌舞剧场光顾一次。为了省钱，艾森豪威尔不到店里去买雪茄还是自己卷烟卷。

转年的情人节，玛咪接受了艾森豪威尔的求婚。当艾森豪威尔正式向杜德先生提出要娶他的女儿时，他表示同意，唯一的条件是要等到11月份让玛咪满20岁才结婚。杜德是一位有钱的巨商，他告诉艾森豪威尔，婚后他们夫妻将独立生活。并告诫说，玛咪过惯了无忧无虑的生活，可能难以适应去当一个军人的妻子。她习惯于有女仆服侍，而且花钱随便。杜德先生对女儿也作了一次同样的谈话，向她指出，她将接受这样一种生活：一直要到处为家，经常要和丈夫分离，还时常为他担心。她回答说，她都了解，并期待着过这样的生活。

后来，由于欧战愈演愈烈，军队几乎进入战时状态，再加上美国参加世界大战的可能性日益增加，艾森豪威尔和玛咪决定提前举行婚礼。杜德一家都同意这么办。就在结婚这一天，艾森豪威尔得到与众不同的结婚礼物，他被授予中尉军衔。7月1日，艾森豪威尔最幸福的时候来到了。在灿烂的夏日阳光中，他和玛咪在丹佛市宽敞明亮的中央长老会教堂举行了婚礼。艾森豪威尔在洁白眩目的夏季军礼服的衬托下显得英姿勃发，气派非凡；玛咪则穿着一身漂亮合体、镶法国式花边的白色连衣长裙，刘海发式下一双明澈的眼睛欢快地顾盼流转。新郎的英俊潇洒、新娘的妩媚动人以及他们共同的热情感染了周围的宾客，使婚礼气氛极为热烈；而这些人羡慕的眼光又使一对新人感到更加幸福。随后，这对新婚夫妇前往科罗拉多州埃尔杜拉多温泉度了两天的蜜月，便搭乘火车到阿比伦艾森豪威尔的老家与他的父母和兄弟见面，而他们立即喜爱上了玛咪。

艾森豪威尔10天的婚假很快就结束了，他们回到萨姆堡，搬进了设备简陋的军官单身宿舍。这里是他们的第一个家，从此，艾森豪威尔和玛咪开始了一种崭新的生活。

艾森豪威尔对工作有着坚韧不衰的热情，他需要集中精力搞事业，因此他对妻子有一个坚定不移的期望，即她的生活要以他为中心。这看起来是过分的苛求，可玛咪正是这样做的。她一心扑在艾森豪威尔的身上，努力把他们那简陋而不富裕的家布置得富于情调、舒适。作为军人的妻子，玛咪算得上是最理想的，她接受了母亲优秀的品质，用全部精力来满足她的丈夫。她教给艾森豪威尔一些待人接物的态度、方式，磨掉他粗鲁的恶习，使他感到生活愉快，而她亦从艾森豪威尔的欢乐中分享到了快乐。

艾森豪威尔和玛咪在性格上爱好上很不相同。艾森豪威尔好动，极爱体育运动和户外活动；玛咪则喜欢留在室内。然而玛咪懂得，要使艾森豪威尔更愉快，就要多陪他做他喜欢做的事。艾森豪威尔调到盖洛堡兵营时，总爱到附近的古战场散步抚今追昔。玛咪尽管不喜欢这样的散步却依然陪他一遍又一遍地走过那里。她后来夸耀地说："艾克对战场上的每块石子都了如指掌。"他们相处得相当融洽。

玛咪最难能可贵的是她对艾森豪威尔的流动生活及不顺境遇毫无怨言。他们的生活并非总是诗情画意，事实上，在他们婚后35年里，他们至少搬了28次家，直到1953年，艾森豪威尔当选总统后，他们才有了一个相对固定的可称作他们"自己的家"——白宫。艾森豪威尔自第一次世界大战后，在军队里晋升得很慢。从1920年到1936年的16间他的少校军衔就一直没有动过，所有的这些玛咪全部忍受了，她理解、支持丈夫的工作。眼看着丈夫一次次地拒绝薪水丰厚的民间机构的职位，她却从不唠叨着要他脱离军队，也从不说"到了你该有所作为的时候了"之类的话。

对玛咪的温柔顺从，艾森豪威尔尽可能多地用爱来回报。1938年尽管艾森豪威尔的薪水不足以住中等以上的旅馆，他却带着玛咪旅游美国繁华的东部。1941年6月，第3集团军长官沃尔特·克鲁燕要求调艾森豪威尔去做他的参谋长。7月1日，艾森豪威尔抵达第3集团军所在地萨姆堡。这一天正是他和玛咪结婚25周年纪念日，而萨姆堡更是他初遇玛咪的吉祥地。故地重游，他和玛咪都倍感亲切。艾森豪威尔送给玛咪一块白金手表作为礼物，手表的小小表面周围镶着钻石。这是他用在菲律宾随麦克阿瑟工作时的所有积蓄买下来的。玛咪深为艾森豪威尔的爱意所感动，她极喜爱这件礼物，直到她去世时都一直佩戴着这块表。

　　艾森豪威尔在婚姻家庭生活中有着自己的苦恼，那就是他的频繁调动使他无法同玛咪及儿子长期生活在一起，尤其是当他在工作中感到沮丧、不得志的时候，但他仍然成功地利用和玛咪在一起的时间，把他们的寓所变成了他的同事、朋友及他们的太太亲切地称之为的"艾森豪威尔俱乐部"。他们两人都喜欢招待客人，往往一开始时只有几位军官坐在艾森豪威尔的家里聊天，而艾克的魅力和玛咪的好客使他们各自回家把太太叫来。由于彼此都知道各自的收入，所以不必摆阔气，艾克和玛咪只要用芸豆、大米饭、啤酒就能使他们满足了。玛咪弹着租来的钢琴，大家拉开嗓子唱流行歌曲。艾森豪威尔最爱唱的歌是"阿布杜拉，这位歌手酋长"。唱累了，大家又坐在一起交换对时局的看法，直至夜深。这个俱乐部像是艾森豪威尔和玛咪婚姻中的一种点缀，随着他们住所的迁移一直持续到1951年他任欧洲盟军统帅。"俱乐部"的成员也随着地点和艾森豪威尔的地位的变化而改变和增加。它不仅给了艾森豪威尔一个阐发自己对人生、对社会、对政治、对军事的看法的场所，使他和军官们在交往中加深了友谊，而且也使他形成了待人接物、考虑问题的风格。在他多年的军事、政治生涯中,他始终没有忘记:与人友善、诚实热情和笑口常开。

1969年3月28日,79岁的艾森豪威尔因心脏病发作,抢救无效而逝世。4月2日安葬于故乡阿比伦城。他的临终遗言是:"我始终爱我的夫人,我始终爱我的儿子,我始终爱我的孙儿,我始终爱我的祖国。"

二战名将

1918年，28岁的青年少校艾森豪威尔负责创办美国陆军的第一所战车训练营。1922年，他在驻巴拿马美军中服役3年。以后被保送进入指挥参谋学院受训，1926年毕业时成绩名列榜首。不久进入华盛顿的陆军军事学院受训，1928年毕业于该学院。1932年他开始担任陆军参谋长麦克阿瑟的副官。1935年又随麦克阿瑟去菲律宾任助理军事顾问，直到1939年12月，奉调归国。

艾森豪威尔的军事生涯在第二次世界大战期间处于顶峰。1939年第二次世界大战爆发后，美国陆军不断扩编。艾森豪威尔在1941年路易斯安那军事演习中，表现出非凡的军事素养，从此屡获拔擢，同年晋升为准将，任第3军团的参谋长。军团部设在圣安东尼奥——正是他15年前开始任陆军少尉的地方。珍珠港事件发生后的第5天，陆军参谋长马歇尔电召艾森豪威尔去华盛顿任陆军参谋部军事计划局和作战局局长，并晋升为少将。他主张美国应以欧洲、大西洋为主要战略方向，主力应集中使用于欧洲战场。1942年5月，马歇尔命令艾森豪威尔前往英国作一次实地观察，提出美军驻欧部队未来编制和发展的建议。当艾森豪威尔从英国回来提出报告后不久，就被委任欧洲战区美军司令，并获中将衔。这是为准备美国参加进攻欧洲大陆而开辟的欧洲美国战区，是英美两国政府一致同意的击溃德国的主要战略行动。战区司令员将指挥派往欧洲战区的所有美国军队。

1942年，英美军队并未开辟进攻欧洲大陆的第2战场，而主要是根据丘吉尔的意见，在北非进攻德意军队，它的代号是"火炬"。进攻北非的方针既定，8月13日，英美联合参谋长委员会正式任命艾森豪威尔将军为北非和地中海区盟国远征军总司令，美国的克拉克将军任副总司令，史密斯将军为参谋长；海、空军司令是英国的两位将军。盟军司令部先设在伦敦。11月4日艾森豪威尔飞抵直布罗陀，司令部也迁于此。11月8日凌晨，由500多艘军舰和运输船只组成的一支英美联合舰队，载着10万大军，在大量飞机掩护下，分3路登陆：美国巴顿将军率领的部队进攻法属摩洛哥的卡萨布兰卡；由费雷登少将指挥的美国第2军进攻阿尔及利亚的奥兰；英国海军布罗斯少将统率的部队进攻阿尔及尔。盟军北非登陆，初战告捷，进展顺利。艾森豪威尔组织这场攻势，他充分估计和利用了北非的政治局势。当时北非法国军政官员受法国维希政府的管辖，他们的反英情绪强烈。有鉴于此，盟军的这次登陆作战是打着美国旗号。北非登陆的基本原则是为了争取一位盟友，而不是屠杀法国人。当天上午10时发动进攻，盟军特地广播了美国总统罗斯福的声明，他向法国人保证西方盟国无意侵占领土，号召法国人采取合作态度，以此来减弱法国人的抵抗，并争取法国将领的合作。在登陆前夕，英美特工人员把原法国第7集团军司令吉罗从法国南部营救出来，用潜艇和水上飞机把他接到直布罗陀艾森豪威尔司令部，准备利用他的威望来号召北非法军不作抵抗，与盟军合作，可是吉罗的演讲没有发生任何作用。这时法国武装部队总司令达尔朗海军上将正好在阿尔及尔，他是维希政府的干将，臭名昭著的附敌分子。但他在北非法国一部分上层人士中拥有最高权威。在北非，只有达尔朗被视为贝当的直接代表。艾森豪威尔在回忆录中写道："克拉克将军拍回电报说，没有达尔朗参加，就不能达成和解，而他的这种观点也得到当时的吉罗将军的支持。显然只有达尔朗才是能够同我们在北非实行合作的法国人。"同时，在艾森豪威尔离开英国之前，丘吉尔曾诚恳地对他说:"如果我能见到达尔朗的话,尽管我极恨他,但我如能匍伏地上,爬行一英里路而使他把舰队带到盟军这边来,那我也欣然照办。"艾森豪威尔接到克拉克报告后认为,这是一个必须立即在当地处理的问题,如果再请示华盛顿和伦敦去处理,将会耽误时机,减缓盟军的进展,增加不必要的流血和造成无数的苦难。他当机立断,甘冒会引起那些不了解战争严酷现实的英美人士的反感的风险,毅然同达尔朗达成停战协定。11月10日,达尔朗发出停火命令。由此可见,艾森豪威尔虽是行伍出身,但具有政治家的头脑。11月13日,盟军同达尔朗达成了最后协议,北非法国的军政官员及和平居民同盟军合作,盟军承认达尔朗管理法属北非的行政事务,吉罗将军指挥北非的所有法国军队。接着艾森豪威尔又同法属西非的行政长官皮埃尔·布瓦松达成协议,把西非也争取过来了。在英美盟军于北非登陆之前,英军在蒙哥马利的指挥下已取得阿拉曼战役大捷。

在英美法军队已从东西两面对突尼斯德意军形成包围之际,1943年1月14日,英美政府首脑在摩洛哥的最大城市卡萨布兰卡举行会议。会议决定,1943年盟军先以在西西里岛登陆作战为近期目标。会议还决定成立地中海盟军总司令部,任命艾森豪威尔为盟军总司令,授予他上将军衔;英国亚历山大将军任副司令,坎宁安海军上将继续担任海军总司令,阿瑟·泰德空军上将任空军总司令。这样,陆海空3军都由英国将领担任指挥官。英国陆军参谋总长布鲁克在日记中高兴地写道:"让艾森豪威尔以最高统帅的身份去把全部时间花在政治和同盟间的问题上,而我们则乘机把我们的人插在他的下面,以便去实际应付军事情况并恢复所有如此严重缺乏的必要冲力和协调。"布鲁克不仅瞧不起艾森豪威尔,还以这种情绪去影响蒙哥马利等人。指挥盟国联军确非易事,这涉及处理国与国之间的关系问题。但艾森豪威尔却善于把多国的庞大武装力量合为一体,协同行动。他曾不得不与罗斯福、丘吉尔和戴高乐这些具有坚强意志的政治家打交道。他也曾不得不与蒙哥马利和巴顿这样个性很强的名将共事。但正由于他具有高度的克制精神和灵活性,坚定但又朴实无华的指挥作风,宽宏大度但又无损其统帅权威的性格与处事艺术,因此,在其历任北非、地中海、欧洲盟军总司令期间,与其副手大体都能合作无间。艾森豪威尔在回忆录中曾这样写道:"高级司令官必须冷静沉着,头脑清楚,刚毅坚定。在他所指挥的一切方面,尤其是指挥盟国部队方面,他的成败更多的是取决于他的领导能力和说服能力，而不是取决于他能墨守指挥常规……可是每当任何事件或问题需要司令官运用并维持其权威时，就必须坚持要求迅速及时和不折不扣地服从。"他在回忆筹划组织北非盟军司令部时写道："我们是从似乎参谋部全体人员都属于同一个国家这样的观点出发的。尽管如此，我们还是尽量使每一个部门都既有美国籍的人，又有英国籍的人。由于两个国家的人事手续不尽相同，也不得不对正常的美国编制作某种修改。在早期，两种国籍的军官们在办理公务时，往往容易显出一种牛头犬碰上了公猫的态度。可是随着时间的推移，他们自己发现，相互尊重和友好关系逐渐造就了这样一支协作队伍——其目标一致、忠于职守以及没有摩擦，即使其中全部成员都来自同一国家、同一军种，也是无法超越的。"艾森豪威尔是这样写的，大体上也是这样做的。

1943年3月，德军惨败于斯大林格勒，因而无力顾及突尼斯，这就为盟军肃清北非残敌创造了有利的条件。4月，蒙哥马利的部队同艾森豪威尔指挥的盟军对困守在突尼斯城一带的德意军队发动总攻。5月13日，德意残敌全部投降，北非战役就此结束。

北非战役结束后，艾森豪威尔奉命攻占西西里岛，以控制地中海的航线，并迫使意大利投降。这时北非盟军司令部改称为西地中海盟军司令部。当时艾森豪威尔统率下的盟军，总兵力为47.8万人，各种舰艇约2600艘，飞机约4000架。德意守军约20余万人，士气低落，战斗力很差。代号"哈斯基"的西西里作战计划于1943年7月10日3时45分开始实施。盟军利用夜幕和风暴作掩护，登陆相当顺利。8月17日盟军占领了全岛。这次战役为美英军队以后大规模登陆作战提供了有益的经验。美英联军在西西里岛登陆的同时，对罗马等城市进行了空袭。7月25日，意大利发生政变，墨索里尼被赶下台。原意军总参谋长巴多里奥组织了新政府。9月3日巴多里奥政府同英美签订了无条件投降协定。

1943年是整个世界大战中转折的一年。这一年，在苏德战场、北非、地中海战场和太平洋战场上，反法西斯同盟国都取得了重大的胜利。在此情况下，1943年11月28日至12月1日，斯大林、罗斯福、丘吉尔在德黑兰举行了战争期间第一次苏美英3大国首脑会议。会议讨论要开辟欧洲第二战场。会后不久，艾森豪威尔即被任命为欧洲盟国远征军最高统帅。关于最高统帅人选问题，英美之间曾进行过争夺，在美国内部也有种种猜测。但最终因为美军人数远远多于英军，所以艾森豪威尔被任命为最高统帅。

艾森豪威尔于1943年底离开地中海战场，返美述职。1944年1月14日抵达伦敦，着手建立欧洲盟军司令部。经美英两国联合参谋长委员会商定，副统帅是英国泰德空军上将，英国地面部队司令是蒙哥马利上将，美国地面部队司令是布莱德雷上将，海军总司令是英国的拉姆齐海军上将，空军司令是英国的马洛里空军上将，参谋长是美国陆军上将史密斯。

在欧洲盟军司令部成立之前，英美早于1943年3月就在伦敦秘密成立了一个参谋部，由英国摩根中将领导，负责研究和制定诺曼底登陆作战计划，筹集兵员和各种军用物资。到1944年6月6日登陆作战时，在英国已集中了39个师，5000余辆坦克，1.3万多架飞机，各类舰艇9000多艘。远征军总数共有287万人。其中美军是153万多人。盟军原计划以诺曼底为登陆地点，登陆正面为40公里。艾森豪威尔到任后提出了扩大登陆正面的计划，将战役第1梯队的兵力由原定3个师增为5个师，登陆正面由40公里增至80公里。当时德国西线守军为龙德施泰特元帅指挥的"B"、"G"两个集团军群,共58个师;海军用于抗登陆的兵力仅有中、小型水面舰艇500余艘和驻在比斯开湾各港口的潜艇49艘,西线空军仅有飞机约500架。战役的准备工作很充分,英美空军从1943年3月起就对德国及其占领国实行战略轰炸,摧毁和打乱德国军事、工业和经济体系。盟军为了迷惑德国,假意在英国东南部集结军队和装备,对费朗德尔沿岸进行轰炸,摆出准备横渡加来海峡的架势,以转移德国的注意力。为了配合两栖登陆,艾森豪威尔还决定使用空降部队。但在登陆之日前一周,战术空军司令利马罗礼突然报告艾森豪威尔,说德军有严密的防御,使用空降兵将会徒遭损失,力劝总司令撤销空降计划。但艾森豪威尔还是冷静地作出了决定:按原计划执行。结果空降作战进行得比较顺利,基本上达到了预定目的。事后利马罗礼立即致函艾森豪威尔,信中说,人一般都是不愿意认错,但他再没有比这次认错时更感到愉快。他向艾森豪威尔表示祝贺并对自己的过虑表示歉意。

1944年6月,是英吉利海峡20年来年遇到的风力最大、海浪最高的月份。盟军原定登陆日为6月5日,由于天气不佳,艾森豪威尔临时决定推迟一天。1944年6月6日,历史上规模最大的海陆两栖作战开始了。盟军2500多架飞机轰炸了登陆地域及其附近地区，100多艘战舰以猛烈炮火支援登陆，1.7万余空降兵在德军滩头和防御阵地后方着陆，第1批17万名海军陆战队员在诺曼底5个登陆地段突击登陆。至7月初，美英军已登陆100万人。7月18日，盟军牢固地建立了正面宽150公里，纵深13至35公里的登陆场。7月24日，地面总攻的准备工作全部完成，攻占法国的第1阶段诺曼底登陆战役胜利结束。诺曼底登陆战役，对美英盟军在西欧展开大规模进攻，加速德国法西斯的崩溃以及决定欧洲战后形势起了重大作用。为组织和实施大规模登陆作战，提供了有益的经验。斯大林于6月13日答《真理报》记者问时指出："这次行动按其计划的周密，规模的宏大和行动的巧妙来说，在战史上还从未有过类似的先例。""这件事得将为头等业绩载入史册"。1944年12月，艾森豪威尔因指挥诺曼底登陆作战有功，获美国国会新设的陆军五星上将军衔。

美英联军诺曼底登陆以后，9月15日又在法国南部登陆。法国共产党和戴高乐将军领导的人民抵抗运动也迅速发展，卓有成效地支援了盟军作战。8月25日巴黎解放。9月1日起，艾森豪威尔对盟军的指挥系统作了相应的调整，他自己直接指挥大陆上地面部队的作战。艾森豪威尔厉兵秣马，指挥蒙哥马利、布莱德雷的几路大军同时向德国边界挺进。1944年11月，盟军逼近德国西部边境，多次进攻德国齐格菲防线受阻。希特勒错误估计形势，于12月16日向阿登地区实施反扑，企图攻取比利时的列日和安特卫普，切断美英补给线，围歼其主力，从而迫使英美与德国单独讲和。17日美军两个师的阵地被突破。19日凌晨，盟军高级将领集会于凡尔登，商讨对策。这时，艾森豪威尔压力很大，但还是比较镇静。他对部下说："当前形势对我们来说，应该看作一个好机会，而不是灾难，所以今天应该高兴地开会。"巴顿将军性格暴躁，他叫喊起来："嗨！我们要有胆量让这些狗崽子往远处突进，一直冲到巴黎才好哩。那时我们就真正能把他们一段一段地切开，一口一口地吃掉！"说得大家哄堂大笑，他自己也笑了起来。这时艾森豪威尔回答说："决不能让敌人越过默兹河。"25日，德军向西突入纵深达百余公里，情况非常紧急。但是，艾森豪威尔已经采取果断措施，将被切断联系的阿登以北的美军划归蒙哥马利统一指挥，进攻德军的北侧；命令布莱德雷进击德军南侧，同时命令巴顿将军驰援巴斯托克的孤军。艾森豪威尔还发布告士兵令，以稳定军心，鼓舞士气。到24日，美英军已有60万人参战。23

日天气转晴，云开日出，占极大优势的美英空军发挥了重大作用。1945年初，美英军队开始全线反攻，东线苏军应丘吉尔之求援，提前发动进攻。1月28日，德军退回边境，阿登反攻遂告破产。阿登战役是第二次世界大战中西线最大的一次阵地战。此役德军损失12万人，美军损失近8万人。艾森豪威尔后来回忆说，这次秋季战役都是根据他亲自制订的方案进行的，盟军保持了攻势，但在各条战线上都有薄弱部分，给德军提供了进攻的机会。"如果这个方案应该受到历史学家指责的话，那么这个指责应该由我一人承担。"

阿登反攻破产以后，德军的最终失败已指日可待了。随着反法西斯战争胜利的即将到来，艾森豪威尔与丘吉尔及英国将领之间的矛盾与日俱增，这实际上是两国政府对结束战争和战后世界实行不同安排的考虑的反映。1945年3月27，蒙哥马利向部下发出一道命令，同时报告了艾森豪威尔和英国总参谋长布鲁克。这道命令要点是，英国第2集团军和美国第9集团军（从阿登战役以来归他指挥）必须以最大的速度和干劲向易北河猛进，直接攻向汉堡到马格德堡一线，其目的是先于苏军攻占柏林。但艾森豪威尔认为盟军的主要突击方向不是柏林，而是来比锡和德累斯顿，并且不让蒙哥马利继续指挥美国第9集团军。艾森豪威尔还把这项决定直接通知了斯大林，以便同苏军的进攻相配合。丘吉尔及其将领们对此极为恼火，纷纷指责艾森豪威尔越权与斯大林直接联系。但美国总参谋长马歇尔支持艾森豪威尔的行动，认为在纯军事问题上，盟军最高统帅有权直接与苏军最高统帅取得联系，以便东西两线互通情报，协调作战行动。丘吉尔出于从政治上、战后世界安排上考虑，对此极为不满。在他心目中，柏林是头等重要政治目标，欧洲是大国争霸的重点，并且他已预见到，未来争夺欧洲的斗争将在苏联同美英等西方国家之间进行，因此，对西方来说，对抗的起点越靠近欧洲东部越好。所以，当丘吉尔得知艾森豪威尔不让蒙哥马利去攻打柏林，并将计划通知斯大林时，他真是气急败坏，立即于4月1日电告罗斯福，反复重申自己的主张。但是，罗斯福这时因病危无力顾及，军事大权掌握在支持艾森豪威尔的马歇尔手中。因此丘吉尔的主张终究未被采纳。那么，艾森豪威尔难道真的不想占领柏林吗？不是，他不是不做，而是不能这样做。早在9月15日，他写信给手下的两员大将蒙哥马利和布莱德雷时这样写道："很明显，柏林是主要的战利品……毫无疑问，在我看来，我们必须集中全部精力和资源迅速向柏林突进。"但是,时过境迁,由于盟军在阿登战役中耽误了一个半月的时日,所以当时苏军离柏林只有 60 公里的路程,盟军离柏林还有 480 公里之遥。其次,美国这时对苏政策的主要方针是争取苏联参加对日本战争,以减少自己的牺牲,所以在很多地方迁就苏联,这种政治上的考虑也不能不影响到艾森豪威尔的战略决策。再则,在雅尔塔会议上已就战后分区占领德国作出决定,柏林是在苏占区内,即使美军付出很大代价占领了柏林,正如布莱德雷所说的那样:"我们还要退出来并把地方让给人家。"

柏林终于在 1945 年 5 月 2 日为苏联军队所攻占。德国法西斯政府已经山穷水尽,只有无条件投降,别无他路。希特勒的继任者邓尼茨海军上将,派约德尔上将到设在法国兰斯的艾森豪威尔司令部洽降。1945 年 5 月 7 日举行投降仪式。斯大林得知此事后颇为不满。既然苏军是战胜德国法西斯的主力,柏林又是苏军攻克的,那么兰斯的投降仪式从地点到方式均有损于苏军的威望。所以苏联政府与美英政府商定,5 月 8 日在柏林正式举行德国无条件投降仪式,仪式由苏联将领朱可夫主持。艾森豪尔没有参加柏林签字仪式,他后来在回忆录中写道:"我觉得不宜亲自前往，因为德国人已经在盟军最高统帅部完成了他们无条件投降的手续，所以我认为在柏林批准投降应该是苏联的事。"欧战终于结束，艾森豪威尔也随之闻名于世。

德国投降后，他于1945年6月自欧洲飞回华盛顿，在机场受到数万人的热烈欢迎。他由机场直接到了白宫，接受杜鲁门总统授予的优异服务勋章。同年年底，总统任命他为美国陆军参谋长。

艾森豪威尔在德国投降后任美国驻德国占领军司令。1945年8月他应邀访问苏联，由当时苏联驻德国占领军司令朱可夫陪同访问。艾森豪威尔与朱可夫相处比较融洽，直到1949年4月，他们还有书信来往。

1948年，是艾森豪威尔一生中的转折点，他辞去了陆军参谋长职务，结束了近40年的军事生涯，接受哥伦比亚大学的邀请，出任该校校长。1950年12月，他应当时美国总统杜鲁门的要求，担任美国纠集的北大西洋公约组织欧洲盟军最高司令职务，这样艾森豪威尔又恢复了军职。

艾森豪威尔

Dwight·David·Eisenhower

入主白宫

战后初期，美国两大政党都想拉艾森豪威尔担任总统。他曾表示："我是一个军人，我肯定谁都不会认为我是一个搞政治的人。"1951年他发表声明，说他将留在欧洲盟军最高司令部的岗位上，他的真意却是："如能向我证明大多数共和党人希望我当候选人，我就会出来。"1952年11月4日，艾森豪威尔作为共和党总统候选人当选美国总统，1956年他连选连任。

艾森豪威尔就任总统，同摩根、洛克菲勒、杜邦、梅隆、福特等垄断财团有着密切关系。在他的内阁中，各部要职都由大垄断资本家或他们的代理人出任。国务卿约翰·杜勒斯是"大企业的法律顾问中薪金最高的人"；国防部长查尔斯·威尔逊是通用汽车公司部经理；财政部长汉费莱是控制煤、矿业、化工和银行的汉纳公司董事长，因此，艾森豪威尔内阁有"富豪内阁"之称。

艾森豪威尔接任总统时，美国已开始从战后帝国主义的"霸主"地位跌落下来，朝鲜战争的失败使美国统治集团面临内外交困的局面。艾森豪威尔当选伊始,他看到了美国人民的反战情绪,声称新政府的首要任务是"尽快体面地结束朝鲜战争",于是,他在 1952 年 12 月亲自前往朝鲜,恢复陷入僵局的和平谈判,终于在 1953 年 7 月签订了朝鲜停战协定。

艾森豪威尔在竞选时许下诺言,要肃清贪污和平衡预算,以减少政府开支造成的财政赤字。他说:"美国人希望有一个节约国家金钱的政府。他们希望停止无止境的增税,把越来越多的家庭收入用去支持一个华盛顿官僚机构。"他停止了一些政府兴办的公共工程,取消了农产品的价格补贴,在这些方面他的工作还是卓有成效的。但对与军事有关的工程,其拨款还是逐年增加。结果民用工业受到影响,失业工人剧增。到 1958 年,失业人数上升到 500 万人,占全部工人人数的 7.5%,国内经济出现衰退。广大工人不得不穷于应付通货膨胀和维持生计,他们不满艾森豪威尔政府的某些经济政策。1959 年 7 月,美国爆发了 50 万钢铁工人大罢工,占全国钢铁生产 85% 的高炉停工,给美国经济以沉重打击。艾森豪威尔被迫让副总统尼克松出面调解劳资关系,直到 1960 年 1 月,罢工才结束。

艾森豪威尔上台后,表示"他决定要消除共产党的渗透阴谋"。1953年,他不顾国内外舆论的抗议,亲自批准处决美共党员、和平战士罗森堡夫妇。1954年8月,他签署了"共产党管制法",使美共处于非法地位。他听任参议员麦卡锡及其操纵的参议院调查小组煽动反共歇斯底里,打击民主和进步力量,实施非法审讯。他在保障"安全"名义下,对公职人员甚至公民进行"忠诚"测验,要求对有"叛国意图"以及在思想和行为上构成"危险"的人员进行"清理"。

50年代,美国黑人日益觉醒,反对种族歧视的运动不断兴起。1954年5月17日,美国最高法院迫于黑人斗争的形势,宣布种族隔离违反宪法,企图以此缓和黑人的不满情绪。最高法院的决定引起南部诸州种族主义者的强烈反对。艾森豪威尔进退维谷。他建议国会成立一个委员会研究黑人问题,结果遭到民主党占多数的国会的否决。1955年以后,美国黑人运动蓬勃发展,艾森豪威尔不得不出面干预白人种族主义者的暴行。1957年9月,他被迫宣布:"任何人或任何极端主义暴力集团,嘲弄联邦法律和执行该法律的美国地方法院的命令,都要受到惩罚。"

艾森豪威尔执政以后,继续推行对外扩张政策。他根据50年代初社会主义阵营力量日益壮大、欧洲经济迅速恢复、发展以及美国霸主地位不断下降的新形势，提出实行"新面貌"的外交战略。在军事上，认为杜鲁门的"遏制"政策使美国力量过于分散，负担过重。主张把军事力量集中在美国附近地区，把主要打击力量放在核武器上，当美国"遭到打击"时，能对"侵略者进行大规模报复"。这种以核武器为威慑力量、对别国进行核讹诈的战略，就是大肆渲染的"大规模报复政策"。

他重视加强与西欧盟军的合作，加强了北大西洋公约组织的力量，主张建立强大的欧洲，联合对付苏联。

在亚洲，他汲取美国陷入朝鲜战争的教训，积极推行拼凑军事集团的政策。在1954年一年之内，就先后和日本签订了《共同防御互助条约》，同英、法、澳大利亚、新西兰等国签署了《东南亚集体防务条约》，还和台湾国民党政府签订了《共同防御条约》。美国通过这些区域性条约加强了对这些地区的控制，减少了美国在海外的驻军和开支。

在东南亚，越南抗法斗争胜利后，美国加紧扶植南越吴庭艳反动政权，积极插手老挝、柬埔寨的内政，通过培植亲美势力、建立傀儡政府的办法，企图控制东南亚。对中东地区，他主张填补由于英法势力撤出而出现的"力量真空"。1957年他向国会提出一项特别咨文,主张美国要抢在苏联之前填补"真空"。他说,"如果失去中东,西欧将遇到危险,亚洲也将处于严重的危险境地,对美国政治、经济前景将产生极为不利的影响"。他要求国会授予他可以在中东使用武力的特权,主张每年拨款两亿美元用于在中东的扩张活动。这篇公然主张进行干涉和扩张的咨文,后来被称为"艾森豪威尔主义"。在它的影响下,伊朗和伊拉克等国均获得了"美援"。从此,美国势力进一步挤进中东地区。

对中国,他继续推行杜鲁门政府的敌视政策。1953年2月,他下令解除美国第7舰队在台湾海峡的"中立巡逻"任务。1954年12月,美国与蒋介石集团签订了《共同防御条约》。1955年1月,美国国会通过决议,授权总统"在他认为对确保台湾和澎湖列岛不受武装进攻的具体目标是必要的时候,使用美国武装部队"。艾森豪威尔政府甚至扬言准备使用核武器,企图制造"两个中国"和"一中一台"。他还反对并阻挠恢复中国在联合国的合法席位。

艾森豪威尔政府对拉丁美洲国家继续采取控制和奴役的政策。1954年,美国派雇佣军颠覆了维护本国民族经济的危地马拉阿本斯政府。1959年初,古巴革命后,艾森豪威尔宣布断绝两国外交关系。1960 年 7 月，艾森豪威尔访问拉美诸国，发表蒙得维的亚宣言，鼓吹拉美国家同美国"加强经济合作与民主制度"。

艾森豪威尔一面鼓吹"和平"、"裁军"，一面大肆发展核武器。1953 年 12 月 8 日，他出席联合国大会，提出和平利用原子能的建议。3 个月后，1954 年 3 月 1 日，美国在马绍尔群岛试验基地爆炸了第一颗氢弹。1955 年在美、苏、英、法 4 国首脑的日内瓦会议上，艾森豪威尔向苏联领导人赫鲁晓夫提出，美苏两国共同裁军，开放天空，对两国军事设施进行空中侦察并监督。然而，1956 年 5 月 4 日，美国在太平洋中举行了一系列新的原子弹爆炸试验；5 月 21 日，爆炸了第一颗军用飞机携带的氢弹。

1959 年夏天，美国在东西方外长会议上与苏联达成两国首脑互访的协议。当年 9 月，赫鲁晓夫访问美国，艾森豪威尔与赫鲁晓夫在戴维营就德国、柏林、裁军、美苏关系等问题进行会谈，达成了"戴维营协议"。但谈后仅 7 个月，1960 年 5 月，美国 u-2 间谍侦察机侵入苏联领空。艾森豪威尔拟议中的访苏一事告吹，美苏关系趋于紧张。

在工作作风上，他仍带有不少军人特色。要求助手把送来的文件压缩在一页纸上，与别人谈话时喜欢直来直去。他只抓重大决策，把许多具体事情交给他信任的助手处理，因此有人批评他把军队的参谋制度搬到了白宫。

他任内生过两次大病。1955年夏天，他在岳母家度假，白天打了一天高尔夫球，晚上心脏病发作，被送到医院，做了手术。1957年，又得了一次中风，但很快痊愈。1960年艾森豪威尔宣布不再竞选总统。离开白宫后，他搬到葛底斯堡农场，除参加一些社交活动外，集中主要精力撰写回忆录。1965年他心脏病复发过一次，此后身体明显衰弱，经常住院休养，很少公开露面，但声望未减。在1968年底的一次民意测验中，仍被列为美国最受敬慕的人物之一。

1969年3月28日，79岁的艾森豪威尔心脏病再度发作，抢救无效逝世。遗体被运到首都华盛顿供人瞻仰。有87个国家的总统、首相、特使前去参加葬礼。4月2日安葬于故乡阿比伦城。

艾森豪威尔的著作有《远征欧洲》（1948年）；《受命变革：1953—1956》（《白宫岁月》第一卷，1965年）；《缔造和平》（《白宫岁月》第二卷，1966年）；《逍遥自在：说给朋友的故事》（1967年）。

麦克阿瑟

"不想当将军的士兵不是好士兵。"

"你有信仰就年轻,疑惑就年老;有自信就年轻,畏惧就年老;有希望就年轻,绝望就年老。岁月刻蚀的不过是你的皮肤,但如果失去了热忱,你的灵魂就不再年轻。"

——道格拉斯·麦克阿瑟

道格拉斯·麦克阿瑟是美国著名将领，是第二次世界大战中熠熠闪光的将星之一。他曾经担任远东盟军最高统帅，率领他的陆军创造了一个又一个奇迹，叱咤于二战疆场。

在美国的历史上，麦克阿瑟算得上是一位传奇人物。他的传奇性不仅仅在于他具有的杰出军事才能，还在于他与众不同的个性。如果历数美国最伟大、显赫，又最有争议的将领，麦克阿瑟无疑会名列其中。他翩翩的风度，口若悬河的口才，勇敢、坚强、自信、果断的行为方式，曾吸引了无数人们的注目；而他的桀骜不驯、狂妄自大、唯我独尊、好出风头又使他成为最受攻击的美国将领之一。

下面，就让我们打开历史的画卷，走入时间的隧道，去看看麦克阿瑟将军不同寻常的一生吧！

苏格兰贵族世家

1880年1月的一个清晨,在美国南部阿肯色州小石城的一座军营里,一个男婴来到了人世。就在他那嘹亮的哭声划破了长空的瞬间,太阳穿过了茫茫雾气,从云端露出了笑脸。在云开雾散之后,万物摆脱了惺忪的睡意,显示出了勃勃生命力。

他的父亲听着小儿子的啼哭声,骄傲又兴奋地说:"好有气魄的孩子,能有出息!"孩子的母亲此时此刻正用怜爱和希望的目光注视着他,对他的明天充满了信心。父母亲的企盼并没有落空,这个黑发黑眼的男孩子,后来成了美国历史上最年轻的准将、最年轻的西点军校校长、最年轻的少将和最年轻的陆军参谋长、第二次世界大战时叱咤太平洋的盟军统帅、美国为数甚少的五星上将之一。他的名字叫道格拉斯·麦克阿瑟。

麦克阿瑟出身于苏格兰世家,他的祖先曾参加过中世纪的十字军东征,麦克阿瑟后来常以自己的贵族血统为骄傲,事实的确如此。他的祖父的外祖母曾是富兰克林·罗斯福和温斯顿·丘吉尔的共同祖先。因而"努力不辜负阿瑟的传统",成为麦克阿瑟一生奋斗的动力之一。家族观念对他的影响之深以致麦克阿瑟经常产生幻觉,感到祖辈仿佛一直站在峰巅上,观察他的一言一行、评判他的言谈举止、考验他的意志能力。

麦克阿瑟的爷爷阿瑟第一是个典型的苏格兰人,他"高大英俊、性情温和、精力充沛、不苟言笑"。1825年,阿瑟第一随母亲从苏格兰的格拉斯哥移民到美国马萨诸塞州的奇科比,从此开始了在美利坚的生涯。1845年,28岁的阿瑟第一有了一个儿子(即麦克阿瑟的父亲阿瑟第二)。4年后,全家迁往威斯康星州的密尔沃塞市。阿瑟第一喜欢法律,他选定法学为研究方向,两年后,他被推选为市检察官。1857年,他当选为州第二巡回法庭法官。

在阿瑟第一任州巡回法官期间,出现了美国历史上极为重大的一次战争——南北战争。

当时,美国北部和南部在经济制度问题上发生了尖锐冲突,这种冲突集中体现在对西部土地的争夺和黑人奴隶的存废问题上。

在美国北部各州,从19世纪20年代起就开始了工业革命,以机器生产为基础的工厂制度逐步代替了手工业生产制度,资本主义大工业迅速发展起来。工业的发展导致了对农产品需求的大量增加,北方的农业逐步从小农经济过渡到资本主义的大农场经济。而南方呢?南方的农业还主要依靠奴隶的无偿劳动,奴隶主千方百计扩大土地,强迫奴隶日夜耕作。南方的土地被分割成一个个的庄园,土地和奴隶都归庄园主所有,还是不折不扣的奴隶制经济。

由于南方的奴隶主们把资本主要用于购买奴隶,无力对土地进行施肥保养,致使一块土地用不了几年就会因地力耗尽而无法使用,必须寻找新的土地。因此,土地对于他们来说是性命攸关的。正因为这样,南方奴隶主总是企图把西部建立的新州都定为奴隶州。

与此相反,北方人希望西部发展自由的农民经济,从而为北方工业区提供粮食和原料,并购买北方的工业品。因此,北方的资产阶级和农民都主张在西部新州内废止奴隶制的存在,要求把新州定为自由州。

1860年,反对奴隶制的共和党人亚伯拉罕·林肯当选为总统,使奴隶主占优势的民主党丧失了联邦政权。于是,南部各蓄奴州纷纷退出联邦,并于1861年2月在亚拉巴马州的蒙哥马利成立"南部同盟",推选戴维斯为"总统",同时征集10万志愿兵。积极备战。4月12日,南部同盟军炮击联邦军守卫的南卡罗莱纳州萨姆特要塞,内战爆发了。这场战争持续了四年,最后以南方失败而告终。在战争期间,阿瑟第一积极为北方政权服务,并把儿子阿瑟第二送入北方军中。

战争结束后,1871年格兰特总统任命阿瑟第一为联邦最高法院大法官。卸任后他埋头著述,兼任法律学校评议员。1896年8月,阿瑟第一在家中病逝。

小麦克阿瑟对长着络腮胡子、颇具英雄气概的爷爷十分喜欢,后来他经常回忆说:"我小时候常坐在他膝盖上,听他讲述那些过去岁月的奇闻轶事。"小时候,爷爷一有空就带他到缅因海岸去度假,他们会一同出海冒险去钓鱼,或到岸边去捕获鲭鱼和绿鳕。有时,两个人并排坐下来吃着冰淇淋,看潮涨潮落,享受着美好的时光。这些往事,麦克阿瑟终生难以忘怀。

阿瑟第一身上所具有的绅士风度的确给小麦克阿瑟留下了深刻印象,然而真正影响他一生志向的人还是他的父亲——阿瑟第二。

阿瑟第二的青少年时代正值美国国内形势发生重大变化的时期。16岁时,南北战争爆发了。阿瑟第二想从军为国效力,他请求父亲写信给林肯,让他把自己送进西点军校。但总统回答,军校现在满编,没有空缺。于是,战争爆发的第二年8月,阿瑟第一把立志从军的儿子送入新组建的威斯康辛第24步兵团当了一名副官,领受中尉军衔。

可以想象,一个初出茅庐,年仅17岁的年轻人便已担任中尉副官,这本身就使人们不由得用怀疑的眼光来打量这位"娃娃副官"。但很快,阿瑟第二便以他在作战中的英勇和果断,消除了各方的疑虑,赢得上司的赏识和部属的敬佩与拥戴。

1863年11月25日,查塔努加之战开始了。阿瑟所在的团奉命向一座陡峭的高地发起冲锋。南部联邦军队的火力猛烈强劲,他们不得不一次又一次溃退下来。"怎么办?"阿瑟第二焦急地想:"无论如何,一定要冲上去!"

于是,就在部队进退维谷之际,阿瑟第二带领3名掌旗兵突然出现在山坡上。他们万分英勇地一步步向前挺进。突然,枪声响过,第一个士兵摇晃了两下,倒下了;接着,第二个、第三个士兵也倒下了。这时,阿瑟第二毫不畏惧地从倒下的士兵手中接过军旗继续前进,并高声呐喊:"冲啊!威斯康星!"部队如大梦初醒,军人们怒吼着冲了上来。高地终于夺下来了。阿瑟第二望着插在高处的旗帜，精疲力竭地倒了下去。他烟尘满面，血染征衣，然而他知道，自己没有辱没军人的称号，没有亵渎军人的职责。战斗结束了，骑兵司令谢里登奔上山来，一把抱起这位年轻的副官，哽咽着对身旁的士兵说："要好好照顾他，他的实际行动真正无愧于任何荣誉勋章。"

查塔努加之战为谢尔曼将军南下横扫佐治亚州铺平了道路，并为北军胜利建立了功勋。阿瑟第二因为在这次战斗中的突出表现而获得了国家最高奖赏——国会荣誉勋章，他成了团里的英雄。在一年之内，阿瑟第二得到了连续晋升，成为北军中最年轻的团长和上校。此时，他年仅19岁，成了名副其实的"娃娃上校"。

人说将门出虎子，这话是有道理的。父亲作战英勇无畏的精神传给了小麦克阿瑟。在后来的战争岁月中，他正像父亲一样，以骁勇善战、英勇非凡而著称，并且同样获得了国会荣誉勋章。

再让我们接着讲述内战吧！1865年4月，南军统帅罗伯特·李和约翰斯顿先后向联邦军投降，南北战争结束了。阿瑟第二遵从父亲的意愿，退役回到家乡学起了法律。然而，3年多的军事生涯使阿瑟第二深深爱上了军人这一行，他再也无法忘记曾经响彻耳边的隆隆炮声了。他觉得，只有军队，才是他一展宏图的地方。于是，一年后，阿瑟第二毅然回到军队，成为一名正规部队的职业军官。然而，他不可能再享有内战时的上校军衔了，他的军阶变成了上尉，阿瑟在上尉这一军衔上整整度过了 23 个春秋，一直到 1889 年他 44 岁时才晋升为少校。这期间，他随部队到过许多地方，多半是在艰苦的西部、西南部戍边，并参加了讨伐印第安人的战争。这段时间，阿瑟第二看似成绩平平，然而漫长的军旅生活培养了他作为职业军人的许多优秀素质，为他后来在美西战争中扬名菲律宾奠定了基础。

1875 年，30 岁的阿瑟第二认识了平克尼，并与之结婚，开始了家庭生活。平克尼就是麦克阿瑟的母亲。

那时候，22 岁的平克尼正在路易斯安那州享有"忘忧城"之称的新奥尔良过冬。圣诞节过后，在 1875 年 1 月狂欢节最后一天的舞会上，她结识了当时正在那里执勤的阿瑟第二。

玛丽·平克尼·哈迪是一位南方贵族的小姐。她于 1852 年出生在弗吉尼亚州的诺福克。平克尼的父亲是位有钱有势的棉花商人，拥有一块面积不小的种植园。内战期间，位于东部战场中心的弗吉尼亚战火连天，她父亲不得不把孩子们送到西海岸去避难，防止战争的侵扰。战后，平克尼就学于马里兰州巴尔的摩的一所中专学校，并以优异的成绩毕业。这时，平克尼长大了，成了一位漂亮的大家闺秀。她不仅仪态动人，知书达理，而且多才多艺，能歌善舞，还会刺绣和水彩画，是个人见人爱的姑娘。

平克尼从小喜爱战斗中的英雄，她崇拜南北战争中的南军统帅罗伯特·李将军，喜欢听战斗故事。她也十分崇敬亚伯拉罕·林肯——这位已逝的总统，认为他是个伟大的人。

舞会那天，平克尼身穿天鹅绒的黑色舞衣，也没有什么特别的装饰，然而那合体的礼服和白皙的面庞却使她显得格外端庄秀美，别具一格。在与阿瑟第二共舞时，他们攀谈起来。很快他们就发现谈话进行得相当投入，显然，阿瑟第二军人风度和丰富多彩的人生经历把玛丽深深地吸引了，而阿瑟第二也对平克尼的美丽活泼和外表以至思想的与众不同甚感惊讶从而产生了由衷的爱慕。

当舞曲结束后，他们再也没跳一支曲子，而是坐下来聊天。两个人都深陷于一种前所未有的兴奋与喜悦之中，彼此寻到了知音，此后，他们深深地相爱了。

然而平克尼的父亲却极力反对他们的交往。虽然南方妥协、林肯被害后，南部人对北方人有了更深程度的认识，南北的紧张局势缓和了，但这位庄园主仍不愿意看到他喜爱的女儿跟从一位曾提起枪来对南方人射击的"北方佬"，而且与他结婚就意味着自己娇养的女儿将与这个名不见经传的小中尉四处漂泊，过一种近似流亡的生活。

可是他并未料想到女儿的倔强。平克尼喜欢军人，希望能够亲眼看到那些英雄们为了国家和人民去浴血奋战、创造业绩。她不顾父亲的反对，毅然地决定把后半生的日子与军人生活联系起来。父亲认输了，1875年5月，这位南方小姐在哈迪种植园的家中，与麦克阿瑟举行了婚礼。

作为一个以军营为家的军人之妻，平克尼以往所接受的一切贵族式教养统统派不上用场了，她不得不以刚毅的精神和坚强的意志去适应新的生活。有一次，她和阿瑟第二长途跋涉，横穿新墨西哥州的荒漠高原到营地报到。那是一次异常艰苦的旅行。白天，烈日当空，酷热无比；夜晚，冷风萧瑟，寒气逼人。平克尼蜷缩在颠簸摇晃的军车里，度过了8个难耐的日日夜夜。这不是普通女子可以承受的，可平克尼硬是从这种艰苦的生活中挺了过来，她的皮肤变得粗糙了，手脚起了趼子，但她毫无怨言，颇感自豪。

在婚后的4年多时间里，平克尼先后于1876、1877和

1880 年为阿瑟第二生了 3 个儿子。老大取了和祖父与父亲相同的名字；老二不幸夭折；而老三便是这本书的主人公道格拉斯·麦克阿瑟。那时候，家里并不十分宽裕，平克尼用自己的勤劳和智慧把家里管理得井井有条。她善于精打细算，勤俭持家，但对别人却从不吝啬。婚后，她辅助丈夫，教育儿子，成为一个好妻子、好母亲。

母亲对麦克阿瑟的早期教育使麦克阿瑟受用终生，她的温柔、她的坚强都给阿瑟留下了极为深刻的印象。她为阿瑟一生的顺利发展费尽心思，陪他同去西点读书，甚至儿子去菲律宾工作，她也随同前去。

麦克阿瑟父子俩的戎马生涯有许多相似之处，他和父亲都获得过国会荣誉勋章，都是在菲律宾达到个人事业的顶点，都念念不忘亚洲和太平洋地区对美国未来的重要意义。

谈起菲律宾，我们不禁要回到阿瑟第二的生活中来，看看他在美西战争波澜壮阔的画卷中的不凡战绩。

美西战争的爆发是由哈瓦那事件引起的。1898 年 2 月 15 日，停泊在古巴哈瓦那港执行护侨任务的美国"缅因"号军舰上突然传来一阵震耳欲聋的爆炸声。顷刻间，这艘载有 354 名官兵的军舰便沉入海底，导致 266 人丧生。爆炸的原因始终没有查明。但由于美国报纸的大肆渲染，使许多美国人都相信这一事件是古巴的西班牙殖民当局干的，于是在美国公众中掀起"一股好战的狂热情绪"。早就有扩张野心并觊觎古巴已久的美国政府，便迫不及待地以哈瓦那事件为由于4月25日向西班牙宣战。

战争虽因古巴事件而发，但烽火却首先在远离古巴几千英里之外的西班牙另一块殖民地菲律宾升起。5月1日拂晓，乔治·杜威将军指挥美国亚洲分舰队驶入马尼拉湾。经过了几个小时的炮战，西班牙舰队全部被歼。随后，麦金利总统指令韦斯利·梅里特将军率领一支2万人的远征军前往菲律宾。6月1日，阿瑟第二接到华盛顿一封电报，命令他前往旧金山向梅里特将军报到，并提升他为准将，受命指挥一个步兵旅。8月13日，阿瑟第二率领部下，打响了攻占马尼拉的战役。

阿瑟第二在这次战斗中表现出色。尽管已53岁高龄，他仍亲上前线，坐镇指挥。在他的带领上，美军士气高涨，骁勇异常，马尼拉的防线很快被摧垮了。阿瑟第二率部打头阵，一举攻占了马尼拉。梅里特将军把这一胜利归功于阿瑟第二，称赞他智勇双全，料事如神，并任命他为马尼拉驻防司令。

根据同年 12 月美西签订的《巴黎和约》，美国吞并了菲律宾、波多黎各和关岛，并把古巴变成了一个有限的保护国。此外，美国在战争期间还占领了太平洋上的夏威夷群岛、威克岛和萨摩亚群岛。

一个多世纪前还为挣脱英国殖民统治而浴血奋战的国家，如今一跃而成为一个新兴的殖民帝国。当时德国的一幅漫画生动地反映了这一变化。漫画中，山姆大叔（戏指美国）伸手去拥抱地球，并说："我还不能完完全全地拥抱它，但那一天已为时不远了。"

美西战争后，美国以 2000 万美元的补偿费取得了对菲律宾的占领权。

美国取代西班牙成为菲律宾的新主人，激起了菲律宾人民的强烈义愤。

1899 年 1 月，菲律宾人民在艾米利奥·阿奎纳多领导下成立共和国，并于 2 月 4 日掀起抗美战争。

此时，麦克阿瑟已升任少将师长，成为侵菲的美军主要将领，镇压游击队多次立下"战功"，成为美国各大报刊竞相称颂的"英雄"。1900 年 5 月，他出任侵菲美军司令和军事总督，达到其军事生涯的最"辉煌"时期。

他上任后，采取更加强硬的政策来对付菲律宾游击队，把侵菲美军增加到近 7 万人，并组建由菲律宾人组成的保安队。年底，他发布实施"第 100 号通令"，在占领区设立集中营，并对被俘的游击队员采取火刑等野蛮刑罚。在实行军事高压政策的同时，他还推行"亲善"运动，释放在押的菲律宾前政府官员，劝诱他们与殖民当局合作；并创办一些公益事业，以培养和引发亲美情绪。阿瑟第二手下有几员得力的干将，其中有佩顿、马奇、富兰克林·贝尔、弗雷德里克·芬斯顿和约翰·潘兴等人。他们都受到阿瑟第二的重用，并因此在后来身居要职。父亲的这些老关系后来使麦克阿瑟受益匪浅，对他的成长起过重要作用。

佩顿、马奇和约翰·潘兴曾先后就任美国陆军参谋长之职。和麦克阿瑟一样，他们都是西点军校的毕业生。既是校友，又同为麦克阿瑟父亲的部下和战友，因而对麦克阿瑟极为照顾。潘兴将军是第一次世界大战中的风云人物，作为美国远征军的总司令，他坚持美国军队成为独立建制而不是补充伤亡惨重的英法军队。他领导远征军获得了欧洲战场的决定性胜利。麦克阿瑟在一战期间指挥彩虹师在他麾下效力，并被潘兴提升为准将。一战结束后，与麦克阿瑟同时期的将领都遭受到了降阶的待遇：巴顿和马歇尔从上校降为少校，艾森豪威尔从中校降为上尉，唯独麦克阿瑟，被例外地宣布为正式准将，而且深受当时的陆军参谋长佩顿·马奇的器重，做了3年西点军校的校长。这固然是麦克阿瑟个人努力的结果，但父亲的光辉映衬也不能不成为他脱颖而出的另一个原因。

到1901年3月，阿瑟第二俘虏了抗战领袖阿奎纳多，基本控制了菲律宾的局势。然而，阿瑟第二并未因此感到轻松。虽然他取得了军事上的胜利，但是一个来自华盛顿的人却给他凭空增添了一桩烦恼，而且他此时还没有料到，这桩烦恼成为他事业的一种隐患，后来竟改变了他的命运。他打败了游击队，消灭了一个敌人，可是另一个敌人却又出现了，这个新敌人就是华盛顿派来的威廉·塔夫脱。

1900年的时候，威廉·塔夫脱作为美国驻菲律宾4人委员会主席来主持文官政府。然而，塔夫脱与阿瑟第二的关系却微妙异常，因为华盛顿方面并未明确划分他们的职权。这种职权范围的不明导致了他们之间的矛盾。阿瑟第二一直认为塔夫脱是华盛顿派来与他分享权力的人，因而从最初就对他怀有敌意。这种矛盾造成两个人各自为政、明争暗斗，直到最后彻底决裂了。塔夫脱终于占了上风，由于他与总统之间的某种密切的关系，他被华盛顿方面任命为菲律宾的文职总督，而阿瑟·麦克阿瑟则于 7 月份被解除了侵菲美军司令和军事总督的职务，调回国内。

阿瑟·麦克阿瑟万万没有想到，他此次离职竟然会是他军事生涯的终点站，从此以后再未受到华盛顿的重用。他知道，他得罪了一个不该得罪的人。1904 年塔夫脱成为陆军部长后，他更加不得志了。终日无事可做，实际上处于半退休状态。国会念念不忘他的英雄业绩，于 1906 年授予他荣誉中将军衔，成为美国历史上第 12 位获此殊荣的人。但这一殊荣并没有使他的境遇有丝毫改观，他气愤地上书塔夫脱表示抗议："我目前的职务不适合传统的中将军衔，我毫无实权，徒有虚名，现在的做法是要剥夺我的特权、尊严和势力。"但抗议无济于事。1909 年塔夫脱当选总统后，他彻底心灰意冷了，于当年 6 月退出了服役 47 年的美国陆军，告老还乡。

3 年后，这位曾名振四方的军人在一次老战士集会上发表演说时猝然病逝，终年 67 岁。

阿瑟第二一生中少数几个未能实现的愿望，他的儿子麦克阿瑟都替他完成了。他未能有机会进入西点军校，而麦克阿瑟不仅成为西点的优秀学员还做了改变西点命运的校长；他遗憾没有得到中将的真正待遇，而他的儿子却成了赫赫有名的"五星上将";他撇下了在菲律宾未竟的事业,而30多年后,麦克阿瑟不仅重回菲律宾,而且成了吕宋岛上的太上皇。父亲是麦克阿瑟心中永远的偶像。是促使他一生不断前进的动力,正如美国前总统理查德·尼克松所说:"麦克阿瑟的整个一生,包括他天不怕、地不怕、有时甚至近乎蛮干的表现,从某种意义上说,都是为了力争无愧于他的先父阿瑟·麦克阿瑟将军。"

回味无穷的童年

每每想到童年，已成为将军的麦克阿瑟总是掩饰不住对那段美好岁月的留恋。仿佛已逝的时光瞬间再现，将军的嘴角总会带着一丝惬意的微笑，满怀深情地任凭往昔美好的回忆浮现脑海。

谈及旧事，麦克阿瑟曾动情地说：我是个幸福的孩子。我有个幸福的家，有令我骄傲的父母，有回味无穷的童年。

父母对麦克阿瑟幼时的教育和影响是广博而深远的。

小麦克阿瑟自幼视父亲为心中的偶像，并从他那里继承了刚毅、果敢和倔强的性格。正是他亲爱的父亲，在阿瑟懵懂的童年时代，就把勇敢、坚强、惊人的毅力和军人意识牢牢植根于他幼小的心中。

有一次，麦克阿瑟跟随父亲出外打猎，突然从树林中窜出一只豹子，那只凶猛的野兽呼啸着向麦克阿瑟奔来，麦克阿瑟吓坏了，他惊慌失措，跑到父亲的身后，抱着父亲的身体再不肯松开。

父亲很生气，松开他的手，对他说："道格，不要害怕，我的孩子。要勇敢，做个真正的男子汉！人如果总是这么胆小，将来战争一旦发动，谁敢去杀敌报国呢！永远不要忘记，你是军人的儿子！"

从此，在小麦克阿瑟心中，谁要认为他不是一个男子汉，那就是对他最大的羞辱，是他不能容忍的。这件事对他的影响很大，因此以后在像寻找猎物这样的事情中，他总是表现得很勇敢，这也为他后来在战场上表现出勇敢和顽强打下了基础。

不久以后发生了一件小事。那是一个黄昏，他和表弟在军营旁的火车站附近玩耍。正要过铁道时，一列火车突然停了下来，挡在了孩子们的面前。为了显示自己的勇敢，小阿瑟竟然带着表弟钻到火车下面向对面爬去。仅过了几秒钟，火车一声长鸣，轰轰地开动了。此情此景恰好被呼唤孩子们回家的母亲看在眼里，疼爱儿子的母亲吓坏了，以至当场昏倒在地，不省人事。

当麦克阿瑟事后被叫到父母面前解释冒险理由的时候，他振振有词地说："我是个真正的男子汉！"于是，他得到了这次冒险的酬劳，那是一顿父亲的痛打。不过，打过了儿子，父亲又给麦克阿瑟讲述了一个关于勇敢和莽撞导致牺牲的战斗故事。

小麦克阿瑟和大哥都很喜欢父亲，因为父亲虽然严厉但却时常可以成为他们的大朋友。尽管公务繁忙，他还是设法抽出时间陪孩子们一起玩。两个孩子在五六岁的时候就从父亲那里学会了骑马和打枪。有假期的时候，父亲就带着他们骑马、射击、钓鱼、划船。其中，装扮成军人冲冲打打是他们最感兴趣的游戏。

麦克阿瑟后来回忆说："哥哥扮成少校，我当一个士兵，我们在一块打玩具手枪。父亲是元帅。我那时还以为士兵比少校官大呢！"麦克阿瑟的父亲每天早晨向小哥俩敬礼，也要求他们还礼。正是这些点滴的小事使麦克阿瑟从小便对军人产生了崇敬的心理。

小时候的麦克阿瑟热衷于军事游戏，他自幼长在军营中，经常观看父亲操演部队，或是听士兵们讲故事。他喜欢模仿士兵们的队列训练。多少年后，当年轻的麦克阿瑟以其优美的军姿在著名的西点军校遍享赞誉的时候，我们仿佛可以看到那个英俊倜傥的学员身上留有他幼时的痕迹。

麦克阿瑟的父亲曾经用了整整两个晚上，亲手制作了一把精美的木剑，把它作为圣诞礼物送给麦克阿瑟。小麦克阿瑟高兴极了，后来，他回忆说："它使我兴奋不已。挥舞着它，仿佛自己就已经成为一名骑士——勇往直前。"

父亲平时总是和蔼可亲的，但当他发现孩子们做了什么错事的时候，就常常控制不住军人特有的肝火，向他们发脾气。

一天，父亲突然回家吃午饭，发现了大哥阿瑟第三正逃学躲在家里。这么小的孩子就敢逃学，父亲真的气坏了。他面孔铁青，二话没说，随手操起一件马具，朝着阿瑟第三的头打了过去。小麦克阿瑟被父亲愤怒的样子吓坏了，他朝着父亲大声喊叫，要他住手。可这时父亲正在气头上，哪还顾得上理他呢？看到喊叫无效，哥哥被打，小麦克阿瑟放声大哭起来，想借此把母亲吸引过来，然而他又一次失望了，母亲没在家里。最后，麦克阿瑟潜到父亲背后，试图抓住他的手臂。父亲对他这一大胆的举动甚为惊讶，他略愣了一下，继而转过身去冲着小麦克阿瑟怒不可遏地说：

"怎么，你也想来几下？关你什么事？"

"我认为，"抽抽答答的小麦克阿瑟壮着胆，带着哭腔对父亲说：

"我认为不管是什么人，都不能像这样抽打他，即使他犯了错，即使——"

小麦克阿瑟停下来，怯怯地看了一眼他的父亲，同时两腿往后撤，时刻准备逃走，鼓起勇气说：

"即使你是他的父亲！"

父亲被小麦克阿瑟的话震动了，他慢慢地放下马具，仔细看了看自己的小儿子。这是他自己的小儿子吗？他有些不敢相信刚才的话是出自刚刚年满六岁的麦克阿瑟之口。多么好的孩子啊！我怎么能忍心看他们掉眼泪呢？父亲张开双臂，把兄弟俩紧紧搂在怀中，向他们正式道歉。自此，父亲开始额外地注意麦克阿瑟，他觉得，这个小孩子身上有着惊人的勇气和毅力，"也许"，父亲时常这样想，"他真能成为军人。"

父亲对麦克阿瑟兄弟的另一个教育方式就是培养他们的竞争意识，父亲经常鼓励他们比赛，这在麦克阿瑟性格形成中也产生了很大作用。父亲总是鼓励孩子们争第一，要孩子们勇于接受挑战，不怕面对失败。

有一天，家里来了几位亲戚。正当客厅里亲戚们和阿瑟的父母融洽交谈的时候，阿瑟第三和麦克阿瑟在院子里拳打脚踢地打斗起来，显然，两个人是在某件事情上发生了争议。亲戚们慌忙地劝阿瑟第二把孩子们拉开，帮他们和好。而做父亲的却稳稳地坐在沙发上，叼着烟斗，微笑着一声不响。

"你怎么可以这样任凭孩子们打架呢？"一个客人问。

做父亲的说："让孩子们自己想办法去解决矛盾，或者和谈，或者动武，总之是他们俩之间的事。要是插手太多，会使他们觉得自尊心受挫，况且要体魄强壮的男子汉不打架是不可能的。"

下面的事情表明了父亲的思想在儿子身上发生了怎样的作用。一次，母亲正在厨房里烤面包，哥哥与弟弟又打了起来。一会儿，年纪较大，身体较壮的哥哥阿瑟第三占了明显的上风。他骑在趴卧在地上的麦克阿瑟身上，给了弟弟一顿重拳。

"服了吗？"阿瑟第三大声问。

"不服！"麦克阿瑟重重地喘着气回答。

母亲跑出来，试图扯开打得热火朝天的两个宝贝儿子。不料正处于下风的麦克阿瑟当即严肃地对母亲说："别管我们，让我们自己解决！"

说这话时，他正躺在地板上，脸上多处青肿。

父亲的影响和教育使麦克阿瑟从小就有一种硬骨头精神。

有一次，麦克阿瑟用镰刀砍香蕉树时，镰刀从他手里滑脱，划破了他的脚。血流了出来，可麦克阿瑟却忍住疼，并没告诉家人。过了几天，伤口恶化了，腐烂化脓，疼痛难忍，连路也走不成了。家里人发现后不安起来，马上给他敷药治疗。当时是用盐水来清理伤口，那疼痛的滋味是可想而知的，大人们尚难忍受，又何况麦克阿瑟还只是个8岁的孩子呢！可是，麦克阿瑟却自始至终没喊过一声疼。

麦克阿瑟10岁那年，全家赴美国东海岸旅行，海边的旖旎风光是迷人的。阿瑟第二想让孩子们换换空气，把美丽的景色留在记忆里，借以陶冶他们的情操，使他们增长见识，开开眼界，然而，事违人愿，麦克阿瑟在整个旅游期间，始终没能摆脱疾病的纠缠。在游览旧金山唐人街的那天，他感冒了，不停地咳嗽，在其后的几天又淋了一次雨，病情加重了。晚上，他发着高烧，脸涨得通红。母亲很心疼，一直在床边守候着他。可懂事的麦克阿瑟却忍住昏晕和不适，努力露出笑脸说："妈妈，您去睡吧！"在旧金山逗留期间，他曾患过肠胃炎和牙病，还发作了一次哮喘，到圣地亚哥时病情更加严重，他的身体几乎要完全垮下来了。对年幼的麦克阿瑟的来说，这是一段灰色的日子，以致后来在他的这段日记中尽是有关疾病的记载，他曾写道："上帝，赐予我力量吧！我是如此虚弱以致无法感觉到太阳照在脸上的快乐。我是多么的无能！"为了不让妈妈为他难过，他总是坚强地忍耐，不喊疼痛。一个仅仅 10 岁的孩子，如何熬过了接二连三的病痛袭击，真让人难以想象。也许，这是"天将降大任于斯人也，必先苦其心志"吧！

如果说麦克阿瑟的父亲给了他做男子汉的榜样和勇于献身的进取精神的话，那么他的母亲平克尼则给了他终生受用不尽的许多本领和品质。

平克尼出身于南方种植园主家庭，有着高贵的血统和良好的教养。她以古老的南方贵族传统来熏陶麦克阿瑟。麦克阿瑟的一生中都极其注重着装、礼仪、讲话方式，这些都源于母亲的影响。母亲鼓励麦克阿瑟学习历史，浏览名人传记，努力培养他对家庭和国家的责任心和荣誉感。不论什么特殊场合，诸如升旗、降旗、客人来访，甚至报纸登载自由女神像送达纽约的消息，她都要求孩子们行举手礼。她每天晚上照顾孩子们上床，末了总要对小麦克阿瑟说："你将来长大，要做一个人物。"有时还加上一句："要像你爸爸。"她特别告诫小麦克阿瑟，男人不该哭泣，而恐惧的眼泪更是绝对禁止的。

尽管家境富裕，母亲还是教导麦克阿瑟要勤劳，要独立，自己的事情自己做，从不纵容孩子们养成养尊处优的不良习惯。母亲鼓励和要求孩子们每天轮流做家务事，而且不许他们以任何理由拒绝。两个孩子很小的时候就都学会了做菜、煮饭、打扫房间、整理马厩。

麦克阿瑟有一位舅妈住在乡下，每次去乡下玩，母亲总是要孩子们跟随农民去菜地里学习播种、施肥、除草和收割。在母亲潜移默化的引导下，麦克阿瑟成了一个勤劳的孩子。后来麦克阿瑟回忆说："她让我们去贴近大自然，而且常对我们说，在我们周围的大自然中，到处都是机会，我们要做的只有一件事，那就是伸出手去抓住某一个适合自己发展、锻炼的机会。"

麦克阿瑟小时候常去军营里玩。一次，他和几个小朋友比赛攀援。军营里没有大树，往哪里爬呢？一位小朋友灵机一动，指着高耸的旗杆说："就爬这个！看谁爬得高，爬得快！"于是几个孩子轮流沿着那根粗大的旗杆由下向上攀援，旗杆飘扬着一面美国国旗——星条旗。轮到麦克阿瑟了，他奋力地向上爬呀爬。旗杆并不很高，麦克阿瑟竟爬到顶端了。下面的小朋友都喝起彩来，麦克阿瑟一时得意，竟撕断一小片旗帜，作为"胜利的纪念"。后来，很不幸，这片"纪念"被母亲发现了，母亲追问来源，麦克阿瑟一五一十地说了。母亲先是沉默不语，而后叹了一口气说："道格，你知道这星条旗的意义吗？你是一个美国人，这星条旗是美国的象征啊！在战争的时代，它代表着胜利，是战士们心中的希望，多少战士宁愿自己死，也不让这面旗帜受损、这面旗帜倒下；在和平的年代，它代表着荣誉，是人们前进的动力，当你灰心失望时，它会带给你力量。记住，这就是国家——荣誉！"年幼的麦克阿瑟深受感动和教育，对荣誉的珍视和对国家和民族的强烈责任感一时间深深注入他的脑海里。后来，他用一生的精力实践了对国家的忠诚。

麦克阿瑟晚年回忆说："母亲对我的教育不仅包括最简单的知识，而且更为重要的是启迪我们的责任感。她让我们逐渐懂得了，不论什么事，只要对国家有利，不管个人做出什么牺牲，都是应该的，而且要努力去做。"

麦克阿瑟生活在一个亲密、快乐的家庭，父母对孩子们的批评总是建议性的，而不是消极的或生硬的。他们是孩子们最大的支持者，支持他们的兴趣和爱好。当孩子们需要父母的帮助时，他们就鼎力相助。他们信奉一种抚育孩子的老办法，那就是："有足够的爱护，也有严厉的纪律。"

宗教教育是家中生活的重要一部分。每天早晨，当全家人围着桌子吃早餐的时候，母亲或是父亲就给大家读一段圣经，让全家人沉浸在一种宁静祥和的气氛里。由于阿瑟一家是圣公会成员，所以每到星期六，全家就去基督教堂做礼拜。母亲还热衷于慈善事业，总是去参加妇女会的活动，慷慨资助衣食无着的穷人。

每到夏天，全家带着两条爱犬，挤进一辆面包车，由母亲驾驶去缅因州肯尼班克港的沃克角，那里有一座他们的别墅。全家人一块娱乐、学习、休息，度过美好的时光。

在夏天的缅因，可以欣赏到许多奇异的景致。那里有奇妙的潮汐涨落；凉爽的海风散发着湿润的咸咸的气味；晚上，海浪拍打着海滩，冲击着岸边的岩石，发出哗哗的有节奏的声音；暴风雨有时会突然席卷布满岩石的海岸线，创造出自然界的奇景。风和日丽的天气里，父亲带着孩子们去海边游泳，在海滩上散步。有时候，晚饭后，全家人并排坐下来，望着月光下无垠的大海，任凭海边的轻风拂过脸庞，吃着冰淇淋，一直待到很晚，尽情享受夏夜的清爽。

每次由母亲带领着去乡下舅母家玩，也是麦克阿瑟童年的一大乐事。舅母很疼爱麦克阿瑟。在锄地的时候，她背着他，或者让他坐在犁柄上，让牛拉着，吆喝着，向牛喝口令，那是一种极其特殊的快乐，以致后来他一直难以忘怀。在旱田里玩够了，就下水田玩水，玩泥浆。再玩累了，就爬到田边，在树荫下等舅母来接，颇有情趣。大一点儿的时候，麦克阿瑟总是主动要求舅母也带上他去田里一起干活。虽然有点儿累，但心情非常的愉快。麦克阿瑟的心已溶入大自然，其乐融融，对劳累浑然不觉了。

每当回忆起幸福童年生活，那美好、恬静的往昔就再一次地滋润这位五星上将的心田。

麦克阿瑟是一个早慧的孩子。孩提时代，麦克阿瑟常常提出一大堆问题。而且有些问题已超出了同龄孩子的想象，如宇宙和人类的起源问题。他从小热爱大自然，对动物如昆虫等很感兴趣。据他个人后来回忆，他对一切活动的生命都十分喜爱，他留意观察鸟的习性，养过金鱼、蛇和乌龟，甚至用帽子装回青蛙。有一次，家里的一只小白鼠死掉了，母亲叫仆人把白鼠扔掉，麦克阿瑟知道后非常伤心，称之为"科学的一大损失"。

麦克阿瑟5岁时就能用英语给父亲写信。6岁那年，母亲为他请了一位家庭教师，给麦克阿瑟打下了一定的德语和法语基础。二次世界大战期间，他能够听懂希特勒和戈培尔在电台的演说，并可以用法语与人对话，看来都得益于童年的学习。

麦克阿瑟小的时候，母亲常常读一些故事和浅显的文章给他听。有一次，母亲给他阅读时，他趴在地板上专心致志地玩弄父亲的指挥棒。母亲严肃地批评他不够专心，麦克阿瑟却毫不迟疑地逐句复述了母亲方才朗读过的最后一段，让母亲大吃一惊。为此，他说："妈妈，我要是不能同时至少做两件事，我会为自己害羞的。"也正因为这样，人们包括老师都称赞小阿瑟是个"聪明过人的小家伙"。

当别的孩子刚刚开始看儿童读物的时候，童年的麦克阿瑟就已是一位孜孜好学的书报读者了。在过9岁生日的时候，姑妈送给麦克阿瑟厚厚一大本美国史作为生日礼物。他把这本书读了一遍又一遍，都快能背下来了。

10岁生日时，他把祖母送给他的一幅镶嵌在镜子里的林肯像挂在自己的床头上。下面摘录着朗佛罗的《生活诗篇》中的几行诗："伟大的一生常提醒我们，要使自己的一生崇高庄严。在去世时，在时间的沙滩上，留下我们的足迹。"他对林肯非常崇拜，这时的他就已放弃了最初要当一名飞行员的愿望，踏上实现伟人梦的理想道路。

他后来说："我父亲充满激情地笃信个人的权利。他传授给我的东西中有这样一种信念：所有男人和女人，不论其肤色或宗教，都生而平等，个人决定他们自己的命运；也就是说，决定其一生命运的正是自己的抱负和勤奋。"

麦克阿瑟一生崇敬林肯和华盛顿。多年后，在他的指挥部或办公室里，也只有这两位伟人的画像作为墙壁的唯一装饰。

1886年，麦克阿瑟的父亲调到堪萨斯州的莱文沃思步兵骑兵学院。这时，麦克阿瑟6岁，在那里，他开始了正规的学校教育。但是，开始的时候，他的成绩并不理想，为此，麦克阿瑟称自己是"一个劣学生"。

1889年7月，父亲被调到华盛顿陆军司令部任高级副官助理。这样，麦克阿瑟有幸第一次来到首都，就学于华盛顿小学。在这里，他学习了四年，获得了良好的基础教育。

华盛顿公立小学是一个富人子弟学院，它位于一条无轨电车线的起始点上。校舍是一套木制的楼房，有草坪环绕，不远处还有一个不小的操场。校园的环境安静、典雅。刚刚来到慕名已久的首都，麦克阿瑟充满了对未来的憧憬和希望。

然而，小麦克阿瑟此时并未意识到，未来等待他的是什么。

一次，麦克阿瑟病了，高烧不退，在床上一连几天没能起来。当热度渐失、身体恢复后，家里人发现了一个问题，那就是年幼的麦克阿瑟再不像过去那样流利地说笑了，他患了一种口吃病，说起话来吞吞吐吐、结结巴巴。

这件事对麦克阿瑟的打击很大，他一向是个要强的孩子，把荣誉和赞扬看得很重要。这一下，连发音都不能够准确，怎么可以在一所富贵子弟云集的学校里和那些受了良好的学前教育、又聪明又伶俐的孩子们一争高下呢？

事情果然不出麦克阿瑟所料，病愈后刚刚返回学校，麦克阿瑟就受到了同学们的耻笑。那天，麦克阿瑟和同学们一起上课。这时，坐在麦克阿瑟前面的一个同学突然搞起恶作剧来，向大家使鬼脸，把手伸到头顶上扮成怪怪的样子，逗得全班同学哄堂大笑起来。老师生气地问是谁干的。那个调皮的孩子就把这一切推给了麦克阿瑟。由于麦克阿瑟刚刚来到这里，老师们对他都不够了解，而且麦克阿瑟的成绩并不好，因而老师信以为真了。他批评麦克阿瑟说："你真是个调皮的坏孩子，我要把这一切告诉你的父亲！"

麦克阿瑟委屈极了。他的脸一下子涨得通红，不由自主地站起来想辩解。然而因为口吃，他虽然费了好大的劲儿，但还是说不清楚。后来，他竟急得把课桌上的课本摔到地上去了，这下老师更生气了，训斥他是一个"暴躁的孩子"。倔强的麦克阿瑟忍耐着不让泪水流出来，他一声不响地继续上课了。

放学回家的路上，他还在为刚才的事伤心和懊恼，他认为同学和老师损伤了他的自尊心。回家后，母亲叫他去杂货店买灯泡，在懊恼的情绪支配下他竟然不小心把两只刚买的灯泡都给摔碎了。

母亲问明了情况，鼓励和启发他说："做人要凡事对自己有信心，我的孩子。别人说什么都不必太在意，重要的是怎样努力去做，来改变别人对你的印象。"

母亲的启发使麦克阿瑟平静了下来。从那天起，他默默地忍受同学们的羞辱和嘲弄，他把这一切挫折都转化为学习的动力。有些同学在课堂上模仿他发音不标准的朗读，有些同学还在黑板上模仿他不规范的拼写。有些时候，麦克阿瑟真感到忍无可忍，他真想冲上去把羞辱他的同学狠狠地揍一顿。但是，麦克阿瑟从来没有真的这样做，他所表示的只是不断地改正和永远的谦虚忍耐，他从未因自己的缺陷而感到气馁。

每天，天刚刚破晓的时候，麦克阿瑟就起床了。他一声不响地走出家门，在熹微的晨光中，一遍一遍地朗读课文，朗读妈妈给他买的读物，来纠正、训练自己的发音。一连几天后，父亲和母亲发现了他每天早上的这种勤奋行为，他们也为小儿子的不懈奋斗的精神感动了，父亲赞许地说："我真为他而感到骄傲！"

终于，一段时间后，麦克阿瑟的努力见成效了。同学们不再嘲笑他朗读课文，相反，开始对他刮目相看。他感觉自己开始拥有同学们的尊重。后来，在自己的回忆录里，麦克阿瑟写到："那时候，我曾用毅力成功地对付了我的口吃。"

在华盛顿小学学习期间，麦克阿瑟比其他孩子付出了更多的辛苦和汗水。他时刻告诫自己说："你曾经是一个劣等生。"他下决心要用十倍的努力使自己的成绩获得提高。

每天放学后,麦克阿瑟都极其认真地完成老师留给他的家庭作业。对于课本的知识,麦克阿瑟采取灵活学习的方式,他总是能够把许多知识有效地结合起来,做到由此及彼。遇到难记的拼写,他就把它们记在小本本上,有时间就拿出来看一看;遇到不会做的数学题,他就静静地坐在书桌旁,先翻阅课本,然后专心地集中精力运用所学的知识去攻克它。

麦克阿瑟对写文章很感兴趣。他从小阅读了许多书,并有着极其广泛的爱好。他善于观察周围的事物,每天坚持写日记,把感兴趣的东西及时记录下来。每次父母带他去旅游或度假,他都会把自己的日记本记得满满的,把感受到的一切美好的东西用自己的语言描述出来。

在美国的将帅中,麦克阿瑟是口才最好的一个。他善于演讲,长于辞令,讲起话来滔滔不绝,并留下了许多传于后世的演说和名言。这些能力并非生而有之,而是在成长的过程中逐渐培养出来的。麦克阿瑟知道自己在做什么,他坚信,只要是自己决心做的事,就要不惜付出代价去获取成功。

在他持之以恒的努力下,小麦克阿瑟的成绩提高了,他获得了老师的赞扬。他的老师这样评价他:"刚开始时，他的成绩的确很差，但我发现这孩子身上有种绝不认输的、执着的、只知道努力向前的品质。无论他的努力是否能换来成功，他都一如既往。而事实上，他成功了！"

麦克阿瑟从小显示出非凡的抱负，因而他在同龄孩子中表现出与众不同的坚强的意志力。

在一次期末考试时，老师一面分发试题，一面宣布说："今天考试可以参考课本，也可以相互商量。"同学们都拍手称快，笑逐颜开。他们三五成群，交头接耳，很快便把题答完了。等卷子收齐后，老师非常感慨地说："天的考试是同学们的'学习精神'的一次测验。然而，大多数同学没能经受住考验。实际上，全班同学中没有翻阅课本，也没有同别人商量，真正独立思考答题的，只有一个人。"他就是麦克阿瑟。

麦克阿瑟还以自己的真诚赢得了同学们的尊敬和友谊。

有一天，麦克阿瑟和班级里的一群男孩在操场上踢足球。大家都玩得很投入，球赛进行得颇为紧张。眼看球就要进入球门了，一个男孩为了阻挡前进的足球，飞起一脚把球射了回去。可是这一下动作太用力了，以致球飞出界外，向教室方向飞去。很不巧，就在男孩们的惊呼声中，球射中了一块教室的玻璃。

老师赶来了，询问谁是肇事者。那个男孩吓坏了，一声也不敢吭，害怕遭到老师的批评和惩罚。麦克阿瑟对老师说："是我不小心把球射向了玻璃，我不是故意的，但我愿意为这件事负责，接受您的惩罚。"老师走后，同学们都拥向麦克阿瑟，对他充满了敬佩。因为，那个做了坏事的同学，正是曾经羞辱麦克阿瑟并把做鬼脸的责任推给他的那个男孩。麦克阿瑟没有因此而忌恨他，而是在众人面前主动替他受过，怎么能不让同学们对这个和他们年龄相仿却如此大度的同窗顿生敬意呢？

在麦克阿瑟小学快毕业的时候，家里发生了一件事。麦克阿瑟以他的懂事和善解人意让他的母亲欣慰地看到：麦克阿瑟已经长大了。

一次麦克阿瑟的父亲因军务外出，麦克阿瑟的母亲不小心从楼梯上摔了下来，把腰部摔伤了，在医生的建议下住进了医院。

那个时候，麦克阿瑟的哥哥正在读中学，功课相对比较忙，所以麦克阿瑟就对哥哥说："你留在家里照料家中的事情，我去医院陪伴妈妈。"于是，12岁的麦克阿瑟每天放了学就急匆匆地赶往医院。他给妈妈送去自己或哥哥亲手做的饭菜，陪妈妈聊天，向她讲述学校里的情况和他的学习状况。在母亲好一点儿的时候，麦克阿瑟扶着母亲去草坪上散步，带去书给妈妈朗读，使母亲度过那段寂寞孤独的时光。

麦克阿瑟一生始终都敬爱自己的母亲。对他来说，母亲是他生命中为数不多的对他起决定性作用的人之一。如果没有母亲，他至少不会如此顺利地走好一步步的人生旅途。母亲在他失望的时候带给他鼓舞，在他受挫的时候给予他力量。母亲对麦克阿瑟的影响是巨大的。

正如他所说：

"经历使我相信，上帝给每个人都制定了一个方案，命运中那些似乎是偶然的挫折也完全是这种方案的组成部分。我母亲是一个清瘦的妇女，她有满头深褐色的头发和一双像宇宙一样深邃的眼睛。她告诉我，生活中的每件事都是为了某种目的发生的。万事万物都是上帝方案的组成部分，即使是最令人沮丧的挫折也不例外，归根到底，每件事都是为了尽善尽美才发生的。她说，假如有什么事不对劲儿，别让它拖垮你！你摆脱它，越过它，继续往前走。后来她又补充说，好事必定会到来，那时你就会发现你在想：'假如我当初没有把麻烦事甩在身后，那今天的好运就肯定不会落到我头上！'"

　　信念正是麦克阿瑟心中永不倒掉的"柱子"，支持着他去克服重重困难，去超越自我，由小到大，终其一生。

意志坚强和自信的少年

1893年秋，麦克阿瑟的父亲麦克阿瑟第二被提升为中校，并前往得克萨斯州的休斯敦任职。麦克阿瑟的哥哥经过努力，考入了安纳波利斯海军学校，而13岁麦克阿瑟则进了当地的一所军事中学。此时的麦克阿瑟已长成健壮而英俊的少年了。他在学业上有很大的长进。在学校里，同学们对他既羡慕又嫉妒。他样样突出，是当之无愧的优秀学生。他是学校的网球冠军，同时也是足球场和棒球场上的佼佼者。麦克阿瑟再不是那个饱受屈辱的男孩子了，往日的病痛和由此造成的沉默一扫而光。说到这里，我们有必要来讲一下麦克阿瑟是如何取得这些成绩、改变自己的。

他首先极为成功地重新塑造了自己的体魄，以坚强的意志把自己从弱者的角色中拯救出来。

麦克阿瑟从小就很有毅力和自信心，他决定做的事情，不仅一定能坚持下来，而且相信自己经过努力一定会比别人做得更好。他一直十分羡慕那些体魄强健的人，盼望自己能加入那些"行动者的行列"。因此，他开始对体育锻炼表现出高度的兴趣。

父亲十分支持麦克阿瑟锻炼身体的想法,为他准备了一间属于麦克阿瑟自己的健身房。在健身房里,有单杠、双杠、哑铃、杠铃以及其他的健身器械。麦克阿瑟高兴极了。

从此以后,他抓紧任何可以利用的时间去锻炼身体,并且为自己在健身房中的训练制定了明确而现实的规划。体能锻炼是一件十分艰苦且又重复单调的事情,它常使人感到精疲力竭。但每每想停下来的时候,麦克阿瑟总是告诫自己:"不要忘了你的目标!"一想到这些单调而沉重的锻炼可以使他获得强壮的身体,他就以苦为乐了。

在休斯敦麦克阿瑟所读的军事中学旁边,山峦跌宕起伏,风景优美如画。当春风吹过了山岭时,鲜花盛开,迎风而舞;溪流蜿蜒,绕岩而下,环境清幽。每天放学后,同学们都喜欢相约至此,或读书、或嬉戏,享受那段美好的时光,解除一天的学习带来的紧张和压力。

有一天,麦克阿瑟也和同学们去山野中玩。由于他为自己制订了满满的计划表,他很难得这样轻轻松松地玩一次。几个男孩子带上足球,找了一块平坦的地方就兴致勃勃地踢开了。麦克阿瑟则和另一个男孩子放飞了自制的风筝。那是一只振翅欲飞的雄鹰，放开了风筝拉线，它徐徐地飞上了高空，带着两个男孩子的兴奋与期盼，伴着山间初溶的冰水的欢歌，在风中翩翩起舞。

那是春寒料峭的时节，山间的树木已抽出了新枝，小草已冒出了新芽，大自然显现出勃勃的生机。蔚蓝的天空中点缀了几朵如丝如缕、袅如轻烟的云彩。那山，那水，那天，那云，孩子们陶醉于其中，流连忘返。

突然，一阵嘹亮的歌声划破了静寂的山野。一位樵夫出现了。踢球的男孩子停下来，聚在一起，用手指着说："看，就是那个人，又来了！"

麦克阿瑟也被吸引了，他寻声望去，看到了一个奇怪的情形：那位荷担的樵夫，正脱了鞋子，双脚踏入冰凉的溪流中，溯流而上。樵夫满面红光、身材魁梧，一边满不在乎地走，一边还高声地唱着山歌。

男孩子们都大笑起来，嘲笑这个奇怪的家伙。唯独麦克阿瑟没有笑，他只是满腹疑问，默默地问自己："道格，他为什么这样做呢？"

后来，男孩们又散开去玩了，麦克阿瑟却跑到樵夫的身边，与他攀谈起来。

"叔叔，您为什么踏在水里走，水不冷吗？"

樵夫乐呵呵地告诉他说：

"冷！可我不怕，我每天都坚持这样做，这样可以磨炼人的意志，强壮人的体魄，孩子，你懂吗?。"

樵夫的话深深地留在麦克阿瑟的记忆里，他一瞬间产生了自己也要试一试的念头。以后，他每天放学后都来到这里。为了防止水冻坏脚，他先脱下鞋子，用手活动足部，使双脚温热，然后踏入溪水中，学着樵夫的样子逆水充满豪情地向上走。无疑，他受到了同学们的讥笑，然而他根本不在意，麦克阿瑟把它作为锻炼自己意志和身体的良好方式。

这件事发生后，麦克阿瑟不仅坚持室内锻炼，还开始注意大量增加户外活动。

有时候，麦克阿瑟会利用周日只身远足郊外，爬山涉水，使自己适应各种自然环境。登山是麦克阿瑟非常喜爱的一项运动。他认为，在登山的过程中，人的勇气、体力和毅力都将得到最大程度的体现和发挥。麦克阿瑟想把自己培养成为在恶劣条件下也挥洒自如的人。

就这样，一年的时间很快地过去了。麦克阿瑟以为他的努力该有成效了。可是，满怀信心的阿瑟很快就受到了挫折。

有一天，班级里推选各部委员。麦克阿瑟自告奋勇要求尝试班级体育委员的职务。有一个同学嘲笑说："如果体弱愚蠢的道格也可以当体育委员，那简直是对班级的侮辱。"他之所以称麦克阿瑟为"愚蠢的道格"，大约是指麦克阿瑟趟冷溪的事儿吧！麦克阿瑟气坏了，向他提出挑战，要求放学以后比试一下。然而，令他伤心的是，他失败了。那个同窗把他狠狠地摔倒在地上。麦克阿瑟灰心极了。他原以为一年的艰苦锻炼会使他的身体变得结实有力，可谁知他所收到的只是表面的效果。的确，他增加了肌肉，但他却没有增加力量，在这个世界上他仍然是弱者。

但倔强的麦克阿瑟没有因此一蹶不振。他忍受着同学们的讥笑，暗下决心，要像小时候对付口吃病那样去向自己的身体挑战，他要锻炼好身体，重新塑造自己的形象。

为了达到这个目的，他又开始了单调而沉重的体育锻炼。他为此付出了多少努力、流下了多少汗水，恐怕是难以用语言描述出来的。一次，就连刚毅的父亲在健身房中看到了正在训练的麦克阿瑟，都不免心疼又感慨万千地说："孩子，你的顽强让爸爸感到吃惊，好好练吧，但要注意身体的承受能力。"

可以想象，如果没有顽强的毅力和对目标的执着追求，这种训练是难以坚持下去的。艰辛的劳动终于收获了丰厚的报偿。他早期的锻炼，为他一生的事业奠定了雄厚的体能基础。在中学的后期，麦克阿瑟就以实际行动向同学们证明：他从不向任何困难低头，他敢于向任何对手挑战。

麦克阿瑟艰苦锻炼的事迹，后来成为人们广为流传的故事，人们从中获得了信心，感受到催人奋进的力量。试想：一个人如果能够重新塑造自己的身体，那么他还有什么不能实现的梦想呢？

中学时代，麦克阿瑟充分展示了自己蕴育已久的聪明才智。他用勤奋和智慧告诉人们：我不再是一个劣等生，我是最优秀的学生。

麦克阿瑟所在的军事中学一直沿袭传统的教学模式：固定而死板。教师们的讲课方式非常单一，对学生进行一种极其刻板的教育。例如，在数学课上，老师总是要求学生按照他的思路求解数学题目。有一次，数学老师在黑板上出了一道题。同学们都按照老师曾经讲过的方法开始了一种复杂的运算。只有麦克阿瑟没有那样做。他想出了一种简单的方式很快就得出了答案。他做题的速度令老师吃惊,当被问及原由时,他回答道:"数学是一门艺术,我们为什么要拒绝深入探索的乐趣,而去死守着千年不变的东西呢?"麦克阿瑟的大胆回答令老师和同学瞠目结舌,而他触类旁通的能力又令大家佩服。从此,老师和同学开始对麦克阿瑟刮目相看了。

中学时期的麦克阿瑟一直保持着优良的学习成绩。他是个珍视荣誉的人。童年的学习经历曾经使他心悸,当他发誓要努力在学习上超越别人的那一刻起,这种执着向上的追求就再没有动摇过。他甚至不能容忍落在班级任何一个同学的后面,把任何同窗的领先都看做是学习上的一种挑战,他把这种挑战看成是不断前进的动力,鼓舞着他不懈向前,取得一个又一个更好的成绩。

功夫不负有心人。1897年,当麦克阿瑟中学毕业的时候,他的学习成绩平均分是97.33分。对麦克阿瑟来说,这是个非常难能可贵的奖励。在毕业典礼上,学校授予他金质奖章,并让他代表全体毕业生致告别词。这是他第一次享有这么大的荣誉,并深深体验到其中的兴奋和满足。

"我那时才真正明白",麦克阿瑟回忆说,"任何努力都不会白费的,上帝会在任何地方注视你,记录你所付出的多少。总有一天,他会将你所付出的辛苦与汗水变成荣誉回报给你。"

在中学读书期间，麦克阿瑟爱上了球类运动。他喜欢足球和网球，棒球和篮球也玩得很不错。麦克阿瑟热衷于具有强烈竞技色彩并需要付出巨大耐力的体育项目。他认为，体育运动是最公正的竞争，你的技巧、你的身体素质、你的风度都将因此而全面地展示在众人面前。麦克阿瑟的一生充满了传奇色彩，他是一个善于创造奇迹的人，更是一个乐于欣赏自己所创造的奇迹的人。他总是希望他所创造的辉煌能够成为众人注目的焦点，被大家艳羡不已。

在一次网球比赛中，麦克阿瑟真正成了学校的焦点人物。

网球比赛是学校每年的重要赛事之一，被舆论所关注，若成为其中的佼佼者，无疑会变成学校里的风云人物。麦克阿瑟充分意识到这一点。在四年级的时候，他参加了网球比赛。这时的麦克阿瑟已有多年打网球的历史。早在小学时，他就爱上了这项运动。父亲和哥哥都是他陪练的对手。麦克阿瑟十分重视网球比赛中力量的分配和战术的应用，他偏好灵活的技巧性打法。在报名时，他就踌躇满志地想大显身手，一举夺魁。

那时候有个五年级的学生，曾蝉联了几年的冠军，此番更是志在必得。当麦克阿瑟顺利通过初赛、复赛从而获得了决赛权时，这位以"常胜将军"著称的学兄根本没把麦克阿瑟放在眼里。当他得知麦克阿瑟还曾是位"软弱的家伙"时就更加洋洋自得了。麦克阿瑟没有被他盛气凌人的气焰所吓倒，他沉着冷静地分析了对方的长处和不足，做好了充分的赛前准备。

比赛的那一天热闹非凡，同学们纷纷赶到网球场观看比赛。在啦啦队的呼叫声中，比赛开始了。麦克阿瑟趁对手没有提高警惕、全力以赴之机拿下第一盘，获得了观众心理上的认可。在同学们欢呼叫好的激励下，麦克阿瑟越战越勇，而那位学兄却方寸大乱。这是一场异常精彩激烈的比赛。麦克阿瑟以其娴熟的技术和良好的心理状态击败了对方，获得冠军称号。"麦克阿瑟打赢了'常胜将军'"的消息不胫而走，他成了令同学们羡慕的英雄。

中学时代，麦克阿瑟的个子已长到了5.79英尺，体重超过了130磅。还是个新生的时候，他就渴望进入校队踢足球。两年后，麦克阿瑟如愿以偿，进入第一代表队。但到赛季过半时，他始终是个替补队员，从来没有机会上场。在一个星期六的下午，当球队为即将到来的一场比赛作准备时，教练员宣布调整球队的阵容，他说：

"右后卫，麦克阿瑟。"

麦克阿瑟永远也忘不了这句话，这使他兴奋得无以复加。

后来他说："一旦我上了场，我就绝不让其他人再回到这个位置上来。在这个赛季的其他时间里，第一线后卫的差事一直是我的。在我升入高年级、个子长得更高大一些时，一开场我就成了发令员。"

那一年9月来临，军事中学的球队开会，为体重达到135磅的大个子选手成立一个新的分队，麦克阿瑟被选为这支球队的队长，充当中卫，后来担任后卫。

麦克阿瑟喜欢在底线附近争夺。它的重要性不亚于生活中的任何东西——两个躯体之间的碰撞，一个决心前进，而另一个决心抵抗。一个人对一个人，阻挡、拖抱、突破防线。

麦克阿瑟一生都是个球迷。在艰苦的战争年代，他也没有忘记抓住难得的几次机会看电视，了解美国足球队的比赛状况。他甚至试图想把这一喜好感染给他的妻子琼，总是爱滔滔不绝地在她面前讲球赛的细节，害得琼直打瞌睡。

还有一件事，让麦克阿瑟难以忘怀。

有一段时间，学校新调来的校长罗伯特·威尔逊为了保持收支平衡，决定停止部分教职工的工作，并且给其他人减薪。校长计划将这一行动在学生回家过感恩节的一周假期内实施。

当教职工和学生们听到这个消息后，大家的不满情绪像燎原烈火在校园内燃起。因为这次辞退将耽误许多高年级和低年级学生功课，特别是影响高年级学生的毕业计划。

学生们在感恩节前的一个星期五的下午，成立了一个委员会，来决定是否要号召学生起来罢课。麦克阿瑟被选为委员会的新生代表。那个星期六晚上，在理事们开会批准校长的裁减方案时，学生委员会也在等待着。

不一会儿，会议结束了，理事们脸上的表情告诉学生们，决定已经作出，斧头就要落下来了。这时，学院小教堂的钟声响起来了，拉钟的是学生委员会。听到这个信号，学生们，还有许多教师，纷纷从校园的四面八方走向小教堂，小教堂很快挤满了人。

因为麦克阿瑟是新生，不像高年级学生那样，在避免削减教员问题上有既得利益，所以他被选出来陈述学生委员会的罢课建议。麦克阿瑟指出，这种裁员不仅威胁到高年级同学的毕业文凭，而且威胁到低年级同学的学习热情。麦克阿瑟还说，学校行政当局对学生们尽力提出节省经费的其他方法置之不理，而后又想趁学生们离开学校时，偷偷地一举裁免教员，这是不公正的。

这是他第一次演讲。麦克阿瑟感到，在他的生活中，他的话第一次产生这样的影响，抓住了听众的心，这真是令人振奋！他每讲一句话，有时甚至只说一个单词之后，听众就会掀起一阵雷鸣般的掌声，不一会儿，他仿佛就和听众融为一体了。当他发出对罢课进行表决的号召时，会场起立，掌声震耳，用呼唤声通过了罢课的提议。

这件事对后来麦克阿瑟的成长无疑产生了很大的影响。他从中得到了很大的震撼，麦克阿瑟深深感到：一个有组织的群体能够产生巨大的人格力量和震慑效果。

在中学期间，麦克阿瑟最喜爱的功课是历史课。他认为历史是由伟人们的个人品质所决定的。他们以其爱国主义、自我牺牲精神和巨大的力量推动了历史的前进。甚至在上学前，他就喜欢听爷爷或父亲讲历史故事，伟人尤其是军事家的功业。

他读了许多这方面的著作。他尤其喜欢苏格兰诗人瓦尔特·司各特爵士的作品。瓦尔特的史诗描写了苏格兰的生活、传说、部族、风俗和侠士等，这些都增强了麦克阿瑟对传统文化和风俗的理解。荷马史诗中的《伊利亚特》和《奥德赛》，讲述了人类为了反抗悲惨命运而进行的不屈不挠的斗争，它引导年轻的麦克阿瑟去思考人类如何去与命运抗争，创造自己的未来。

色诺芬在《远征记》中刻画了千军万马克服重重艰险、远征攸克塞姆海，这使麦克阿瑟羡慕不已。他尤其敬佩远征军最高统帅小居鲁士大无畏的英雄气概。莎士比亚在悲剧中探索了人类自身的冲突，揭露了一部分人自私而丑恶的灵魂，赞扬了人间的真善美；还有《旧约》谈到了公正与邪恶的斗争；麦考利的《古罗马诗歌》和吉卜林的史诗读起来朗朗上口，乐趣无穷。所有这些都使他赞叹不已。

伟人的著作和诗歌对麦克阿瑟产生了巨大的影响。在阅读这些著作时，他常常产生幻想，仿佛自己就是历史时代中的一名斗士，或是一名古希腊的披甲步兵，或是一名古罗马军团的战士，或是古罗马贝利撒留将军的骑兵，或是勇敢的斯图亚特王朝的苏格兰高地人，或是拿破仑手下在欧洲纵横驰骋的勇士……

军事统帅们富有传奇色彩的战争故事更使麦克阿瑟迷恋不已。麦克阿瑟后来在菲律宾及太平洋诸岛的作战行动中充分显示其军事天才。他用兵自如,对关键时间和关键地点的感觉敏锐。

在麦克阿瑟的脑海中,时常闪现着恺撒率第10军团在高卢的征战,圣女贞德在奥尔良抗击英军,拿破仑在意大利对反法同盟的作战等等壮观场面,这些壮观的历史画卷在他眼前充分展示了充满活力的个人领导才能和神秘莫测的军事艺术魅力。这些军事家作战英勇,指挥有方,充满自信,战绩赫赫,成为麦克阿瑟崇拜的偶像和效法的楷模。他把历史作为理解现在、预知未来的钥匙。

麦克阿瑟是一位有着很深文化素养的将领,这是与他从中学开始就对书产生的那种痴迷分不开的。在中学的几年中,每周六他都要去州立图书馆,在那里一待就是一天,乐不知疲。他对书的选择范围很广,无论是政治、经济,还是人文方面的书籍他都非常感兴趣。他常常会拿马克思在大英图书馆中的经历来鼓励自己。

他认为:书是世界上最神奇的事物,它们能够告诉你想要知道的一切。麦克阿瑟一生经历了人类历史上三次重大的战争(第一次世界大战、第二次世界大战、朝鲜战争)。青少年时代得来的广博知识,为他的军事功绩奠定了不可动摇的基础。他曾这样说:"军事比其他大多数职业更需要依靠前人的智慧和韬略作为制定未来方案的参考。"而读书无疑是获得前人经验的最佳的途径。

在这期间,麦克阿瑟一直同父母住在军营里。他们的邻居都是军人及他们的家属。这是一个不平常的小世界,正是在这里,麦克阿瑟学到了终生指导他的价值观和行为准则。

在军营里,几乎每个人都彼此相识,而且正因为他们彼此相识,所以他们总是相互关照。如果有人患病,当晚就会有邻居给他们送去晚饭。

记得有一次,麦克阿瑟的一位邻居——一个上尉,不幸牺牲了。消息传来,军营中的人们都聚集在营房旁的小教堂里,肩并肩地为死者祈祷。麦克阿瑟回忆说:"我们站在那里,真诚地为死者祈祷。我知道,如果我有不幸,他们也会为我祈祷的。"战争是残酷的,战争使那些面临生离死别的人紧紧地联系在一起。

麦克阿瑟在这种环境长大,切身体验到人们之间的团结友爱、众志成城,与共同的命运抗争,这是地球上最强大的力量。它能帮助人们克服天大的逆境。麦克阿瑟懂得了，努力是生活的实质内容——归根结底——你不能不劳而获。他学会了赞赏那些具有开拓精神和冒险精神的人，学会了关怀和帮助别人。

人的梦想可能不同，但每个人都努力使他的梦想变成现实。并非每个人都能成为伟人，但任何人都要求在生活中有所作为，从而产生某种自豪感和成就感。如果为了国家的荣誉和利益，人们能够把自己的梦想紧密联结在一起，那么它产生的，就是一种无法估量的力量。

在中学的最后一年，麦克阿瑟开始考虑自己的未来道路了。

麦克阿瑟小的时候曾梦想成为一名飞行员，他一直喜欢听飞机隆隆拂过耳畔的声音。他觉得，在飞机上，人将接触到一个与众不同的世界：崭新和开阔。这种视觉感受是相当吸引人的，它会使你不由自主地变得豁达，同时全身心地体味自由飞翔的快乐。

麦克阿瑟也想过当一名作家。他从小爱看书，爱写作。他把能够用文字描述自己的感受作为一种莫大的享受。他梦想自己也能够出版许多的著作，使千千万万的人从中受到启迪，获得智慧和力量。

然而，一次偶然的机会，他看了一本关于华盛顿的传记，伟人的经历和成就深深地吸引了他。麦克阿瑟从此踏上了实现他的伟人梦的道路。

可是，究竟哪一条途径、哪一个职业能成就自己的满怀壮志呢？

麦克阿瑟生在军营，长在军营，经常看军人们操演部队，或是听士兵们讲故事，他耳濡目染的都是军人的世界，都是军人的风采和魅力。父母的教育，环境的影响，使他的举手投足中都有军人的影子。麦克阿瑟的父母也暗暗希望他能成为一名军人。

然而，作为开明的父母亲，阿瑟第二和平克尼对孩子的前途从未横加干涉。他们只是潜移默化地影响孩子们，让他们有教养，开朗而诚实。父母亲把希望寄托在孩子们身上，教导孩子们要自力更生、正直、笃信上帝、有上进心。他们鼓励孩子们在外面广阔的天地里去创业。他们对孩子们说："如果你待在家里，父母就会把你一直当孩子来对待，你也就失去了去抗争、去拼搏、去流血的机会。同时，你也失去了成长为真正男子汉的机会。"

麦克阿瑟完全领悟了父母亲的一片苦心。许多年后，当从军的麦克阿瑟谈及如何开始军事生涯时，他说："父母从来都没有强迫我们去选择将来干这行或者那一行。他们所做的,只是培养我们的勇气和毅力,塑造我们的品质和意志。他们的经历当然也对我提出了暗示,但我要说的是,我选择成为一名军人,完全是我自己的选择。从我内心深处来说,这是最崇高的最无悔的选择。父母只是默默地站在我们身后,注视着我们成长的步伐,我从未听到父亲要我们哪一个必须成什么样的人。"

事实上,是几件事的出现,坚定了麦克阿瑟要成为一名军人的信念,使他最终走上了戎马一生的道路。

其中一件事发生在毕业前夕。历史老师让同学们交一份毕业论文,要求同学们选择一位历史人物加以描述并对其进行评价。许多同学选择了美国的著名总统和著名议员们,还有人选择了英国王室和贵族,都是些当时同学们普遍感兴趣的人物。唯有麦克阿瑟选择了拿破仑。拿破仑是他很喜爱的一位将领。他曾粗浅地了解过拿破仑的功绩,但从未做过深入的研究。利用这次作论文的机会,麦克阿瑟走进了图书馆,翻阅了大量关于拿破仑的著作,开始了对这个伟人的探究。

连麦克阿瑟自己也没有料到,他竟然被这些书深深吸引了。拿破仑指挥的一次次以少胜多、以弱制强的辉煌战役使麦克阿瑟陷入了对军事知识的迷恋之中。他沿着历史的足迹，走入拿破仑不凡的一生，从远征意大利，名震欧洲到雾月十八日政变，建立帝国；从奇袭奥军的马伦哥战役到赢得欧洲第一名将荣誉的奥斯特里茨战役，直至战果辉煌的耶拿战役的弗里德兰战役。拿破仑指挥千军万马浴血鏖战的历史，运筹帷幄驰骋沙场的大将风度使麦克阿瑟从儿时就朦朦胧胧产生的对军人的崇敬深化升华了。他后来在上交的报告中写道：

"军事思想、指挥艺术和治军方法是一门妙不可言的学问，军人掌握了它就具备了叱咤风云的前提条件。拿破仑是真正的军事艺术的巨匠，是他，赋予战争以灵魂。"

于是，麦克阿瑟的心中，开始有了从军的冲动和欲望。

另一件事是关于阿瑟的父亲麦克阿瑟第二的。麦克阿瑟一直崇拜他的父亲。在他看来，他的父亲作战英勇、有高尚的品质、理想远大，是他"行动的楷模，前进的灯塔"。有一天，母亲平克尼和小儿子在一起闲谈，他们谈到了麦克阿瑟的父亲。

"父亲从军很久了！"麦克阿瑟说。

"整整35年了。"做母亲的回答。而后，她又接着说：

"你知道吗？道格，你父亲参军时和你现在一样，也只有 17 岁。"

"父亲读过军校吗？"

"很遗憾。那个时候，你父亲非常希望能够进入西点军校。可是最终没能如愿。于是，他只有选择了从军，从一名中尉做起，那是成为一名军人为国效力的唯一办法。"

"父亲没能进入西点军校，成为他终身的憾事，"麦克阿瑟心里想，"我可以帮他实现这一愿望，让父亲感到安慰。"

此时，麦克阿瑟突然想起了爷爷，想起了可亲可敬的爷爷临终的遗言。就是在去年，当爷爷即将告别尘嚣时，他曾经拉着阿瑟的手，吃力地说：

"道格，我亲爱的孩子，你要努力奋斗，像你父亲一样。"

"对，像父亲一样！像他一样勇敢，一样坚强。像他一样做一名优秀的军人，为国家的荣誉而战！"

如果说幼年时的麦克阿瑟只是怀着一种朦朦胧胧的崇敬军人的情感的话，那么在从中学毕业后，他已明确了自己一生追求的目标：成为一名军人，成为一名伟大的军人。他认为，所有的伟人不管是好是坏，都是通过对周围环境的控制和驾驭而达到显赫地位的。他觉得自己的专长就在军事领域。为此，他重视荣誉和声望胜过生命，只有继承了父亲崇高的职业，才能为国家展示超群的才干，为国家作出贡献。

所以，中学毕业后，麦克阿瑟毫不犹豫地报考了当时心目中的圣地——陆军军官学校的最高学府西点军校。

此时，他并不知道，未来对他意味着什么，将来的路途中有怎样的挫折在等待着他。他也没有料到，他将成为西点历史上最优秀的学生、西点的骄傲，还成了西点的校长。在多年之后，他会面对西点的芸芸众生，发表他著名的演说。

此时。他的心中，只有一种信念，那就是：奋斗、奋斗、不断向前！

西点军校的"西部牛仔"

西点军校号称"美国将军的摇篮",它曾造就出大批著名的将领,在美国人心目中是个特殊而又神秘的地方,是美国许许多多青年向往的场所。

西点军校正式名称为美国陆军军官学校,其目标是培养陆军初级军官。该校坐落在纽约以北80公里的哈得逊河西岸。这里正好位于河流的转弯处,三面环水,一面傍山,景色宜人且战略地位重要,属于纽约州奥立治县。此地原为美国军事哨所,是控制哈得逊河航道的战略要点。美国独立战争期间,大陆军总司令乔治·华盛顿发现了西点的价值,把它建成了一个要塞,以阻扼英国舰队。1862年,杰弗逊总统力促国会通过法案正式确定在此建一所陆军军官学校。于是,过去的营房变成了校舍和教室,使这里成为美国第一所军官学校。自创办之日起,西点就不负众望,造就了许多著名的优秀将领。内战时期南北双方的主将罗伯特·李、格兰特、谢尔曼等均为该校的毕业生,使西点的名字更加熠熠生辉。

20世纪初的西点约有500名学员。按照规定，合众国总统有权推荐30名，国会参议员、众议员和特区代表每人有权推荐一名。一个普通的学生要想从这些大人物中获得推荐、并通过严格的考试进入西点，其难度是可想而知的。

当麦克阿瑟经过两年的奋斗终于如愿以偿进入军校时，他兴奋不已，甚至在多年后说起这一经历仍"激动万分"，他说："作为一个西点人的那种自豪和激情，从来没有丝毫地减弱……至今，我仍然说，那是我最大的光荣。"

中学毕业后，麦克阿瑟就踌躇满志地向西点进军了。然而事与愿违，第一年阿瑟仅仅因无人推荐而失之交臂。但他并未气馁。当父亲在那年秋季被调到明尼苏达州的圣保罗时，他和母亲没有同去，而是回到老家密尔沃基，为第二年报考西点军校做准备。

在此期间，他的母亲结识了当地的一名国会议员，从那里获得了推荐麦克阿瑟报考西点的保证。麦克阿瑟本人则一头扎在书堆里，每天早起晚睡，刻苦复习他的功课。

1898年4月25日，美国政府向西班牙宣战，麦克阿瑟的父亲受命出征。麦克阿瑟听到这个消息后，有点动摇，想放弃报考西点而随父亲应征，圆自己的军人梦想。父亲反对他这样做，并对他说："我的孩子，未来的年代里有的是战斗，而且远比这次重要。你自己好好准备吧！"父亲的话和家人的拳拳爱心、鼓舞了麦克阿瑟，他发誓要取得成功。带着一股不服输的劲头，他勇敢地走向考场。

功夫不负有心人，金榜揭晓时，麦克阿瑟独占鳌头，西点的大门终于向他打开了。父亲写信向他表示祝贺说："一个人在世界上最强烈渴望做的……便是最适合他做的事……你身上具备优秀军人的血统，要正直、勇敢、整洁，那么你将得到应有的报答。"

1899年6月13日，麦克阿瑟来到西点报到。此时的他已出落成一个风流倜傥、潇洒漂亮的大小伙子了，被人称为"军校有史以来最英俊的学员"、"典型的西部牛仔"。他身高5英尺10英寸半，体重135磅，身材修长健美。有人说他像王子一样神气，黑头发黑眼睛，让人一眼能看出是一个军人。

麦克阿瑟的母亲陪伴儿子同时进入西点，而且一陪就是两年。和母亲在一起的时间里，阿瑟每天都要去看望母亲，一直到麦克阿瑟的父亲从菲律宾回国后母亲离开他为止，被人称作军校里的"大孝子"。

在西点最初的日子里，麦克阿瑟对这里的一切还感到新奇：餐厅的桌布几乎每天一换，到处窗明几净，一尘不染。大家都循规蹈矩，一切都是严格的军事化。

麦克阿瑟此时对西点的认识还带着一圈浪漫的光环。他梦想着在西点开始一种崭新的、为把自己培养成一名军事天才而设计的生活。对这种生活他并没有一种清晰的认识，他只是觉得，一切都会有条不紊，一切都将是美好的。麦克阿瑟不由自主地又想到了拿破仑，想着他在布里埃纳预备军官学校里6年的军事学习生涯，那是拿破仑奠定了自己军事素养的雄厚基础的六年。

"只要我勤奋、努力、自觉，西点会接纳我！"麦克阿瑟满怀信心地想。

但是不久他就发现了西点是怎样的一所学校，而他面临着怎样一种生活了。

西点军校实际上是处于军事环境中的一所普通大学。它的教学方针体现了雅典精神和斯巴达精神的结合。它既要完成普通大学的本科学教育，又要实现军事训练机构制定的训练目标，其出发点和归宿就是为陆军培养合格的现代化人才。

"责任、荣誉、国家"是西点的校训，通过这一思想的灌输，使学员形成了职业军人那种特有的自觉的纪律观念、责任观念和荣誉观念、自我牺牲精神、集体主义精神。

为了达到上述目标，军校制定了名目繁多的规章制度，吃喝拉撒睡，事无巨细，面面俱到，使学员们整天忙于紧张而又艰苦的学习和训练，无暇他顾。

最初的几个星期，麦克阿瑟和其他新学员觉得他们简直成了一台台机器，在教官和校规的控制下来来去去，连思想的时间都没有。许多同学忍不住了。而麦克阿瑟却毫无倦意地服从命令，不折不扣地执行命令。

麦克阿瑟知道自己是什么人，走着什么样的路，他记得父亲的话："我们家的血统使他们能够始终面带微笑、视死如归地对待真枪实弹的生死考验。"因而他把这种磨炼视为一种准备。按他的话说"是成功与胜利的关键"，他要以不同凡响的面貌出现，为成为一名震撼世界的军人而奋斗。

给麦克阿瑟留下深刻印象的是西点军校的另一侧面：礼仪、传统、参加正式学员行列、军人的天职。就在他入学第一天结束时，当他和其他新生在一起站在检阅场上列队观看军校学员齐步而过时，他就感到了。学员们军服笔挺，踏着军乐的节拍，十分整齐地行进，就像一个有机的整体。这种情景在麦克阿瑟心目中永远是一个激动人心的场面。

麦克阿瑟在第一学年重视队列训练，他认为队列训练最能体现军人的气质，培养军人良好的军资和顽强的意志。

据他的同学说："队列训练每星期六进行一次，可麦克阿瑟常在星期六下午就苦练下一课，等下个星期六时，他的动作就完美无缺了。"当麦克阿瑟宣誓效忠而成为美国陆军一分子时，他感到"美利坚合众国"这几个字有了新的含义。自那时起，他将为自己的祖国，而不是为他自己本人服务。这是个难忘的时刻，他始终珍视的时刻。

军校的大多数新生都和麦克阿瑟一样，在本地是出色的尖子学生，都自视甚高。一来到学校，西点就着手把他们的傲气打下去，故意用粗暴生硬的态度来打击他们。"挺胸！收腹！再挺一些！再挺一些！头抬高！下巴往里收！动作快！动作快！"他们发现，当他们向平民生活告别时，甚至与他们的名字一起告别了。在西点，作为新生，他们已不再是过去意义上的自己，而成了甚至没有资格去拥有名字的最低等级的西点人。过去自认娴熟的运动技巧，现在都显得难以置信地笨拙。接受这些"苛刻"的要求和训练，他们懂得自己不是军校里的老大哥，而是小弟弟，地位不是提高了，而是下降了。

尽管如此，作为新生的麦克阿瑟和其他学员还受到了另一种意想不到的"磨炼"。

当时，军校里盛行戏弄低年级同学的做法。麦克阿瑟到西点报到时，刚下马车就发现，门廊里几个姑娘不屑一顾地看着他，其中一个还尖叫道："瞧，又来了一只老鼠！""老鼠"是当时对一年级新生的蔑称。在军校里，各年级学员之间颇有"等级森严"的味道。在平常的训练中，一般是高年级学员指挥低年级学员，高年级学员常以老资格自居，殴打、辱骂等欺负低年级学员的事情常有发生。有些人无法接受这样的"考验"，不久便离开了西点。作为新生，麦克阿瑟入校不久就尝试到这种"磨炼"。

那是在一个夏令营期间发生的事。当时，麦克阿瑟的父亲正驰骋于菲律宾战场，立下了赫赫战功，成为美国各报竞先宣传的新闻人物。一些高年级学员就借此对他进行戏弄和侮辱。那天，刚刚结束了一天的活动，学员们都感到很疲惫，于是宣布解散后，大家就匆匆忙忙准备去各自休息。可是，几个高年级学员在众人面前高声叫道：

"嘿，麦克阿瑟，不许走！"

出于对老学员的敬重和畏惧，麦克阿瑟停下了脚步。这时，那群人又喊起来：

"听说你是阿瑟第二的儿子？那可是个大英雄，那么让我们大家看看他是不是有一个草包儿子吧！"于是，他们开始强迫麦克阿瑟做下蹲、单杠、俯卧撑等动作，而且一做就是一个小时，为了父亲的荣誉，为了自己的尊严，麦克阿瑟咬紧牙关，默默忍受着。

终于，一切都结束了，麦克阿瑟摇摇晃晃地回到帐篷。刚一进门，他就再也支持不住了，一下子瘫倒在地上。同住的另一位新学员弗雷德里克·坎宁安关切地走过来，发现麦克阿瑟四肢在不停地发抖。坎宁安意识到，阿瑟得了严重的痉挛，如果得不到及时的检查和处理，麦克阿瑟会坚持不住的。

然而他没想到，麦克阿瑟休息了一下后所说的第一句话却是："坎宁安，请在我的身下垫上一条毯子，我不想双脚敲打地面的声音影响你的休息。"

整整一夜，麦克阿瑟一声不响，痛苦地任凭痉挛的四肢抖动，忍受着巨大的疼痛。他的嘴唇给牙齿咬破了，可是，他没有发出一点儿呻吟。

第二天早晨，他浑身无力地倒在那里，坎宁安说："阿瑟，请个病假吧！"可麦克阿瑟仍然坚持去操练。当他的身影出现在操场上时，前天晚上曾积极参与这次事件的一位二年级学员走过来对他说：

"麦克阿瑟，由于你在昨天'晚会'的勇敢表现，你得到了整个学员队的称赞，我们为你而感到骄傲。"

麦克阿瑟就是这样在群体中树立了自己的形象。

从这件事以后，侮辱事件再也没有在麦克阿瑟身上发生。然而，事情并没有结束，侮辱事件继续在其他新生身上再现。一名学员因为不堪忍受侮辱而自杀了。那位曾亲眼看见麦克阿瑟受辱的坎宁安也愤然退学。一些低年级学员甚至成立了反抗组织，起来与老学员斗争。

不久，《纽约太阳报》发表了一封谴责西点军校老学员欺负新学员现象的匿名信，这引起的当局的注意和重视。第二年，麦金利总统下令调查西点军校新学员的境遇问题。于是，国会组成了一个调查委员会进驻西点。

这次调查本来是以那位受辱学员的自杀案件为主要对象的，但由于麦克阿瑟的父亲有显赫地位，一些人就把麦克阿瑟受侮辱的事件也向委员会说出来，借以提高当局的重视程度。果然，调查人员很快就找到了麦克阿瑟。

对委员会的询问，麦克阿瑟出人意料地采取了一种很有气度的轻描淡写的态度。他回答说：

"我所受到的侮辱，并不比通常发生的老学员侮辱新学员的事更严重，也不能说他们更有预谋地伤害我的身体。我根本没有因为受了伤害而身体不适。"

接着，参谋人员问道：

"那么你曾发生过四肢痉挛，是吗？"

麦克阿瑟坚决地回答说：

"没有，只是有一次我有点累了，导致了抽筋而已。"

当调查人员要他指出侮辱他的老学员的名字时，麦克阿瑟犹豫了一会儿之后决定"保持缄默，守口如瓶"。

麦克阿瑟之所以尽力把大事化小、小事化了，除了他想在学员面前显示其大度和宽容外，还有一层原因，那就是他不愿人们夸大他所遭受的侮辱，因为被人欺辱毕竟不是一件光彩的事，有损于他的强者形象。他深知，他需要的不是怜悯，而是敬佩和崇拜。事实证明，他处理此事的态度确实赢得了同学们和校方的好感。

他的一位同班同学后来写道：

"那年夏天，正是因为麦克阿瑟的性格使我极早地认识了他。他的荣誉感，他的自信，他的勇气和他的决心——这些我们大家都很喜欢也很羡慕的品格，使他日益引起我们的注意。他是一个应该受到重视的人，一个注定有远大前程的人。"

麦克阿瑟喜欢竞争和挑战。竞争越激烈，他就越能脱颖而出。在学业上，他比班上任何其他人都更用功。他常在熄灯号吹过、瓦斯停止供应后，还点着蜡烛读书。为了不被察觉和影响其他人休息，他就用军毯把床围起来。由于他思维敏捷，反应快，加之学习用功，其接受能力、理解能力、背诵能力和表达能力都很强。难怪后来美国另一名显赫人物艾森豪威尔在他的回忆录中把麦克阿瑟描绘成"果断，很有风度，知识极其渊博……有着非凡的记忆力""确实才智过人""天呀，他相当突出"。

据说在第一学期时，有一次在课堂上，他被叫起来，解答一个难题。这道题他事先并没有准备，但他很快做了出来，且准确无误，令在场的学员和教官刮目相看。

一位始终与他在同一小队的同学回忆说："麦克阿瑟的背诵，简直就是表演"，"我还记得有一次上物理课时，他是如何用两面镜子来讲解一个无穷大问题的情景。那位教官对这个问题的理解比学员们好不了多少，但经过麦克阿瑟的讲解，我们都理解了。"

在第一学年结束时，在全班 134 名学员中，麦克阿瑟的成绩名列第一，并因此得到了与一位四年级学员同住一个寝室的优待。因为四年级学员允许比其他年级的学员晚休息一个小时，麦克阿瑟就多了一个小时的学习时间，他充分利用了这一点。到毕业时，他的总成绩平均为 98.14 分，据说是 25 年来西点学员所取得的最高成绩，在以后的许多年里没有人敢向这一成绩挑战。

麦克阿瑟不仅在文化课的学习上出类拔萃。而且在军事训练上也表现非凡。由于他从小在军营中长大，耳濡目染，掌握了一定的军事知识和训练技巧，再加上他刻苦训练，因而他的军事科目样样精湛熟练，无可匹敌，他尤其擅长射击和骑术。西点给他打下了从事军官生涯的坚实基础。他熟悉陆军的习俗、行话、传统、组织。他学习怎样行军，怎样使用步枪和小型火炮，怎样架设简单的渡桥或构筑防御工事。他学习一名好的军官应具备高尚的动机，把自己的一生奉献给祖国和人民。他学习如何审时度势，当机立断，并坚持决策。

麦克阿瑟还知道大量有关军事史的事实。军事统帅们富有传奇色彩的战争故事使麦克阿瑟迷恋不已。汉尼拔在西班牙和意大利的作战行动中表现出的用兵自如、胆量超人和对关键时间、关键地点的敏锐感觉；恺撒率第 10 军团在高卢的征战；圣女贞德在奥尔良抗击英军；拿破仑统军在意大利对反法联盟作战等等，都展示了充满活力的个人领导才能和神秘莫测的军事艺术魅力。所有这一切给麦克阿瑟留下了极为深刻的印象。麦克阿瑟尤其崇拜因防御顽强而号称"石墙"的美国南部同盟军将领杰克逊将军。这些人作战勇敢，指挥有方，充满自信，战绩赫赫，成为麦克阿瑟效法的楷模。

体育活动仍旧是麦克阿瑟生活的内容。"除了一心一意要获得大学教育外，只有体育对他才有推动力，其他别的几乎都没有。"

在西点时，他在体育运动上也成绩斐然，赢得过多次比赛，这使他的体育课取得了优秀的成绩。在一年级时，他参加了低年级橄榄球队。整个冬季，他参加室内田径运动，练习起跑以提高速度，练习体操以增强腿部和手臂的肌肉，为了增加体重，他吃得感到肚子发胀。春季里他热衷打棒球。到后来，他的体重达到了 174 磅，速度、体魄、身材都超过了以往任何时候。他下决心要参加校队。有一次比赛中，第一场练习时，他表现不错，经过一番争夺后，教练叫他去领一件新的合身的球衣。他高兴极了，不言而喻，他有了当运动员的资格，用他自己的话说，他是"平步青云"。由于他对橄榄球有着浓厚的热情，再加上他对橄榄球运动中错综复杂的情况有深入的研究，使他后来成为校橄榄球队的领队。在上军校二年级时，麦克阿瑟还参加了校足球队。他卖命地踢球，以此检验自己的勇气，但终因扭伤了胳膊被迫离开了绿茵场。他没有泄气，又参加了校田径队，成为高栏赛项目运动员。"他是一名无私的队员，荣誉感迫使他努力做到真诚和诚实，而痛恨欺诈、模棱两可或闪烁其词。"

在中学时，麦克阿瑟就发现自己在体育运动时具有领导者和组织者的天赋。他的精力和领导才能表现在组织星期六下午的橄榄球或篮球比赛，后来他还成为中学体育联合会组织者之一，直至成为该联合会的主席。

麦克阿瑟到西点军校后，他的领导才能展示得更加引人注目。他当橄榄球队的领队使他这种才质得到表现——他的组织才能，他的精力和他的竞争精神，他的热情，他的乐观，对自己爱好的工作愿意全力以赴去干的精神，集中注意力的能力，从实际出发而不抱没有条件实现奢望的特点以及使队员们发挥各自特长的天赋。他强调整体配合，他敦促他的手下"持球自左侧大幅度迂回，""攻击防线""突破"和"把球射进决胜线"。

他说,"我深信橄榄球或许比其他任何一项运动都更给人以这样的感觉:胜利是通过艰苦的——几乎是奴隶般的——工作、协调作战、自信和奉献的热情而取得的。"他在学业上也能轻而易举地领导他的班级。他使每个人都是他的好朋友——但又不失尊严和身份。从与他相处的许多同学的评价中,我们可以领略到麦克阿瑟当时的个性与风采:

"他有一种领导风度,善于辞令";"当他下达命令时,你最好服从";"你从来看不到他自由散漫"。"一旦下了决心,打死他也不会改变主意";"凡与他有关的事,他似乎都能领先";"只要你同麦克阿瑟在一起,你就会知道他应该处在什么位置上";"我们有许多人敬畏他";"你若了解麦克阿瑟,不是爱他,便是恨他,绝不可能只是喜欢他。"

麦克阿瑟在西点期间,曾连续三年获得同级学员中的最高军阶:二年级时任学员下士,三年级时任第一上士,四年级时任全学员队的第一上尉和第一队长。

他作为二年级的学员下士时,负责带领一年级的一个连队。当第一下士学员不在场时,他还要领导全营。每当麦克阿瑟履行职责或是指挥队列行进时，他满脑子都是纪律和荣誉。谁要是违反纪律，损害了集体的利益，麦克阿瑟就会对他们严惩不贷。

有一次，当全营的几个连队在一起比赛队列练习时，麦克阿瑟所带连队的一个学员精力不够集中，一连错了几个动作，造成了连队表演整体效果很差。麦克阿瑟生气极了，他当即命令那个新学员：

"到房间里去，面壁12小时！"

做错了动作是不应该的，然而12小时面壁的惩罚实在是很重的。但麦克阿瑟向来说一不二，严格管理连队，执行起纪律来铁面无私，所以，对他的命令，没有人起来反抗。

然而，私下里，他的这些行为还是造成了新学员们对他的不满和反感。由于在校表现和成绩是与军阶相联系的，所以，他们不免发泄说：

"麦克阿瑟所做的这一切，都是为了军衔和荣誉。"

其实，麦克阿瑟更关心的不仅是如何履行职责并做一名标准军人，他也十分关心提高和培养新学员的军事素质和军人性格。他同时也很体谅新学员的苦衷，不久后发生的一件事证明了这一点。

那是他带领连队参加一次外出训练的时候。那一天，在去野外训练目标的路上，第一连队的两名新学员感到腹痛难忍。当时，连队附近并没有医务人员跟从，各连队又是单独行动，彼此没有照应。麦克阿瑟果断决定放慢行进速度，搀扶两名学员前进。第一连队没能按时到达目的地，贻误了训练时机，麦克阿瑟受到了严厉的批评。然而他没有争辩一句，独自默默承受了过失。日久见人心，逐渐地，麦克阿瑟严于律己和尽职尽责的精神也被他们认识和理解了。

在西点军校，冬天住房像冰窖，夏天像火炉，食物粗糙无味，夏天还要不断地进行操练，余下的时间大部分也要用来背诵功课。西点的首要目标是养成军人的品质，为此目的，西点对学员进行敲打、塑造、锤炼，一切都要循规蹈矩，从清晨醒来时起，一直到最后闭眼睛睡觉为止。一天的生活都有严格安排，正所谓"一切军事化"。

尽管环境如此恶劣，要求如此苛刻，麦克阿瑟面对这高度紧张的生活，还是能从小事严格要求自己，按规定把自己的房间收拾得干干净净，列队出操或轮班站岗，一直准时，衣冠整齐，不损军人形象。可以说，他是不折不扣地执行军官风纪和日常生活制度的。因此他被评为内务整洁、着装规范、军姿优美的标兵，很受教官和同学们喜欢。可以这样说，他做到了不失却个性，又能顺应西点的要求。他作为西点的一员，有高度的责任感和自豪感。

这时候，麦克阿瑟遇到了一件尴尬的事。由于麦克阿瑟长得英俊潇洒，风度翩翩，加之他优秀的学习成绩和令人注目的体育技能，军校许多女生同时爱上了他。曾经有六位姑娘一起给麦克阿瑟写信表示好感，弄得麦克阿瑟不知所措。然而他最终没有做一个风流的士官生。他的抱负使他了解他今后的道路。战争是残酷的。军人的家庭会随时面临着痛苦的抉择。麦克阿瑟第一次结婚时已40岁了，然而，由于忍受不了戎马生涯的枯燥乏味，他的妻子与他匆匆分手。他的第二任妻子，与他相濡以沫、终其一生的琼，也是把自己的生活完全列入麦克阿瑟的军事轨迹，相伴他走遍了亚洲和太平洋，颠沛流离。麦克阿瑟在军校期间一直注重培养和锻炼自己的勇气和胆量，有时不惜拿自己的生命作赌注去冒险。

有一次，麦克阿瑟参加轻武器射击训练。教官要求同学们轮换射击和报靶。当其他同学射击时，报靶者要趴在壕沟里，举起靶子。射击停止时，将靶子放下来报环数。为了避免被子弹击中，报靶的其他学员都最大限度地卧在壕沟里，每次当子弹飞过，从壕沟中爬起，惊慌的神色溢于言表。轮到麦克阿瑟报靶了。他突然萌发了一个怪念头："我为什么不可以检验一下自己能否英勇地面对子弹毫不畏缩呢？"然而，当这个念头闪现后，他马上意识到：这不是件开玩笑的事，如果被子弹击中，就全完了！"

开始准备射击了，麦克阿瑟的内心还在紧张地斗争着。当不得不趴到壕沟里的那一瞬间，他忽然决定了。麦克阿瑟一跃而起，子弹刚好从他身边飞过，麦克阿瑟甚至感觉到了呼啸着的子弹从脑际飞过，带来的呼呼风声和一阵寒意。真是万幸，他安然无恙。此时此刻，一股自豪感油然而生，麦克阿瑟对自己说："我终于战胜了自己。"

西点军校的制度就是挖空心思找出那些违反规则的人，并把他们淘汰掉。校方的思想就是：服从是军人的天职。因而，那些不能完全服从命令的人是决不允许带着毕业证离开学校的。麦克阿瑟是西点公认的出类拔萃的学生，可是并没有幸免于教官们的苛刻要求。

在西点军校的记过簿上，有关麦克阿瑟的记载多是些鸡毛蒜皮的小事。如："在体育馆里未扎腰带"，"在书面默写时拼错了小队的编号"，"四年中共有三次迟到"等等。唯有一次，麦克阿瑟获得了较重的处分，因为他在四年级时违反了校规，事先未经允许便擅自到一位教授家拜访，对教授要他补考数学一事表示抗议。

事情是这样的：

在西点军校，有一个老传统，即如果学员的某门功课平时测验时获最高分，这门功课就可以在学期末免试。可麦克阿瑟虽然获得了最高分，那位教授却以他曾因病住院测验缺席为由，把他的名字列入要补考的名单中。麦克阿瑟觉得，这是教授对他的轻视和侮辱。于是他怒气冲冲地跑到那位教授的家中，他对教授严肃地说：

"先生，您无权将我的名字列入补考名单中，这是不公正的。如果明天早晨上课前名单里不抹掉我的名字，我将立即申请退学。"

那时，麦克阿瑟的母亲还住在学校里，她和麦克阿瑟的朋友们都为麦克阿瑟的这次莽撞行为感到担心，害怕真的会发生退学的事。

"阿瑟，收回你的话吧，教授也许会原谅你的，"他们劝麦克阿瑟说。可麦克阿瑟就是不肯听从。结果，麦克阿瑟的名字确被抹掉了，但他却受到了校方的警告处分。

这件事对麦克阿瑟的打击甚重。为此，父亲来信鼓励他说：

"没什么,我的孩子,愿上帝保佑你!一个承受不了失败的人,绝当不了将军。"

父亲的劝慰,使阿瑟慢慢平息了心情,但同时这件未免小题大做的事也表明:麦克阿瑟是多么看重自己的荣誉,甚至为此而不惜结束一直珍爱的军事生涯。

麦克阿瑟一生珍视荣誉,"责任——荣誉——国家"的西点校训一直铭记在他的心中,终其一生。西点是他的骄傲,他的荣誉象征和他心目中的神圣净土。1962年5月,82岁的麦克阿瑟将军应邀来到他的母校西点,接受军校最高奖励——西尔维纳斯·塞耶荣誉勋章。在授勋仪式上,他发表了他一生中最后一次也是最感人的一次演讲。那时,他念念不忘的仍是西点,仍是责任——荣誉——国家,正像他的演讲中所说:

> 今天早晨,当我走出旅馆时,看门人问道:"将军,您上哪儿去?"一听说我要去西点,他说:"那是个好地方,您从前去过吗?"
> 这样的荣誉是没有人不深受感动的。长期以来,我从事这个职业,又如此热爱这个民族,能获得这样的荣誉简直使我无法表达我的感情。然

而，这种奖赏主要并不意味着对个人的尊崇，而是象征一个伟大的道德准则——捍卫这块可爱土地上的文化与古老传统的那些人的行为和品质的准则。这就是这个大奖章的意义。无论现在还是将来，它都是美国军人道德标准的一种体现。我一定要遵循这个标准，结合崇高的理想，唤起自豪感，同时始终保持谦虚……

责任——荣誉——国家。这三个神圣的名词庄严地提醒你应该成为怎样的人，可能成为怎样的人，一定要成为怎样的人。它们将使你精神振奋，在你似乎丧失勇气时鼓起勇气，似乎没有理由相信时重建信念，几乎绝望时产生希望。遗憾得很，我既没有雄辩的辞令、诗意的想象，也没有华丽的隐喻向你们说明它们的意义。怀疑者一定要说它们只不过是几个名词，一句口号，一个空洞的短语。每一个迂腐的学究，每一个蛊惑人心的政客，每一个玩世不恭的人，每一个伪君子，每一个惹是生非之徒，很遗憾，还有其他个性不甚正常的人，一定企图贬低它们，甚至对它们愚弄和嘲笑。

但这些名词的确能做到：塑造你的基本特性，使你将来成为国防卫士；使你坚强起来，认清自己的懦弱，并勇敢地面对自己的胆怯。它们教导你在失败的时候要自尊，要不屈不挠；胜利的时候要谦和，不要以言语代替行动，不要贪图舒适；要面对重压和困难，勇敢地接受挑战；要学会巍然屹立于风浪之中，但对遇难者要寄予同情；要先律己而后律人；要有纯洁的心灵和崇高的目标；要学会哭，但不要忘记怎么哭；要向往未来，但不可忽略过去；要为人持重，但不可过于严肃，要谦虚，铭记真正伟大的纯朴、真正智慧的虚心、真正强大的温顺。它们赋予你意志的韧性、想象的质量、感情的活力，从生命的深处焕发精神，以勇敢的姿态克服胆怯，甘于冒险而不贪图安逸。它们在你们心中创造奇妙的意想不到的希望，以及生命的灵感与快乐。它们就是以这种方式教导你们成为军人和君子。

你所率领的是哪一类士兵？他可靠吗？他勇敢吗？他有能力赢得胜利吗？他的故事你全都熟悉，那是一个美国士兵的故事。我对他的估价是多年前在战场上形成的，至今没有改变。那时，我把他看做是世界上最高尚的人；现在，我仍然这样看他。他不仅是一个军事品德最优秀的人，而且也是一个最纯洁的人。他的名字与威望是每一个美国公民的骄傲。在青壮年时期，他献出了一切人类所赋予的爱情与忠贞。他不需要我及其他人的颂扬，因为他已用自己的鲜血在敌人的胸前谱写了自传。可是，当我想到他在灾难中的坚韧，在战火中的勇气，在胜利时的谦虚，我满怀的赞美之情不禁油然而生。他在历史上已成为一位成功爱国者的伟大典范；他在未来将成为子孙认识解放与自由的教导者；现在，他把美德与成就献给我们。在数十次战役中，在上百个战场上，在成千堆营火旁，我亲眼目睹他坚韧不拔的不朽精神，热爱祖国的自我克制以及不可战胜的坚定决心，这些已经把他的形象铭刻在他的人民心中。从世界的这一端到另一端，他已经深深地为那勇敢的美酒所陶醉。

当我听到合唱队唱的这些歌曲，我记忆的目光看到第一次世界大战中步履蹒跚的小分队。从湿淋淋的黄昏到细雨濛濛的黎明，在湿透的背包的重负下疲惫不堪地行军，沉重的双脚深深地踏在炮弹轰震过的泥泞路上，与敌人进行你死我活的战斗。他们嘴唇发青，浑身污泥，在风雨中颤抖着，从家里被赶到敌人面前，许多人还被赶到上帝的审判席上。我不了解他们生得高贵。可我知道他们死得光荣。他们从不犹豫，毫无怨恨，满怀信心，嘴边叨念着继续战斗，直到看到胜利的希望才合上双眼。这一切都是为了它们——责任——荣誉——国家。当我们蹒跚在寻找光明与真理的道路上时，他们一直在流血、挥汗、洒泪。

20年以后，在世界的另一边，他们又面对黑黝黝肮脏的散兵坑，阴森森恶臭的战壕，湿淋淋污浊的坑道，还有那酷热的火辣辣的阳光，疾风狂暴的倾盆大雨，荒无人烟的丛林小道。他们忍受着与亲人长期分离的痛苦煎熬，热带疾病的猖獗蔓延，兵燹地区的恐怖情景。他们坚定果敢的防御，他们迅速准确的攻击，他们不屈不挠的目的，他们全面彻底的胜利——永恒的胜利——永远伴随着他们在血泊中战斗到最后。在战斗中，那么苍白憔悴的人们的目光始终庄严地跟随责任——荣誉——国家的口号。

这几个名词包含着最高的道德准则，并将经受任何为提高人类道德水准而传播的伦理或哲学的检验。它所提倡的是正确的事物，它所制止的是谬误的东西。责任高于众人之上的战士要履行宗教修炼的最伟大行为——牺牲。在战斗中，面对危险与死亡，他显示出造物主按照自己意愿创造人类时所赋予的品质。只有神明能帮助他、支持他，这是任何肉体的勇敢与动物的本能都代替不了的，无论战争如何恐怖，招之即来的战士准备为国捐躯是人类最崇高的进化。

但你们面临着一个新世界——一个变革中的世界。人造卫星进入星际空间。卫星与导弹标志着人类漫长的历史进入了另一个时代——太空时代。自然科学家告诉我们，在50亿年或更长的时期中，地球形成了；在300万年或更长的时期中，人类形成了；人类历史还不曾有过一次更巨大、更令人惊讶的进化。我们不单要从现在这个世界，还要从无法估算的距离，从神秘莫测的宇宙来论述事物。我们正在认识一个崭新无边无际的世界。我们谈论着不可思议的话题：控制宇宙的能源；让风力和潮汐为我们所用；创造空前的合成物质以补充甚至代替古老的基本物质；净化海水以供我们饮用；开发海底的作为财富和食品的新基地；预防疾病以使寿命延长几百岁；调节气候以使冷热、晴雨分布均衡；登月宇宙飞船；战争中的主要目标不仅限于敌人的武装力量，也包括其平民；团结起来的人类与某些星际行星的恶势力的最根本矛盾，使生命成为有史以来最扣人心弦的那些梦境和幻想。

  为了迎接所有这些巨大的变化与发展，你们的任务将变得更加坚定而不可侵犯，那就是赢得了我们战争的胜利。你们的职业要求你们在这个生死攸关的时刻勇于献身，此外，别无所求。其余的一切会是目的，公共计划，公共需求，无论大小，都可以寻找其他办法去完成；而你们就是受训参加战斗的，你们的职业是战斗——决心取胜。在战争中最明确的目标就是为了胜利，这是任何东西都代替不了的。假如你们失败了，国家就要遭到破坏，因此，你唯一要遵循的就是责任——荣誉——国家。其他人将纠缠于分散人们思想的国内外问题的争论，可是你将安详地、宁静地屹立在远处，作为国家的卫士，作为国际矛盾怒潮中的救生员，作为硝烟弥漫的竞技场上的格斗士。一个半世纪以来，你们曾以防御、守卫、保护着解放和自由、权利与正义的神圣传统。让平民百姓去辩论我们政府的功过，我们的国力是否因长期财政赤字而衰竭，联邦的家长式传统是否势力过大，权力集团是否过于骄横自大，政治是否过于腐败，犯罪是否过于猖獗，道德标准是否降得过低，捐税是否提得太高，极端分子是否过于偏激，我们个人的自由是否像应有的那样完全彻底。这些重大的国家问题与你们的职业毫不相干，也无需使用军事手段来解决。你们的目标：责任——荣誉——国家，比夜里的灯塔要亮十倍。

你们是联系我国防御系统全部机构的纽带。当战争警钟敲响时，从你们的队伍中将涌现出手操国家命运的伟大军官。还从来没有人打败过我们。假如你也是这样，上百万身穿橄榄绿、棕色、蓝色和灰色制服的灵魂将从他们白色十字架下站起来，以雷霆般的声音喊出那神奇的口号——责任——荣誉——国家。

这并不意味着你们是战争贩子。相反，责任高于众人之上的战士祈求和平，因为他忍受着战争最深刻的伤痛与疮疤。可是，我们的耳边经常响起那位大智大慧的哲学之父柏拉图的警世之言："只有死者才能看到战争的终结。"

我的生命已近黄昏，暮色已经降临。我过去的音调与色彩已经消失，它们已经随着往事的梦境模糊地溜走了。往日的记忆是非常美好的，是以泪水洗涤，以昨天的微笑抚慰的。我渴望但徒然地聆听着远处那微弱而迷人的起床号声和那咚咚作响的军鼓声。在梦境里，我又听到隆隆的炮声、噼啪的步枪射击声，战场上古怪而悲伤的低语声。然而，在我黄昏的记忆中，我总是来到西点，耳边始终回响着：责任——荣誉——国家。

今天标志着我对你们的最后一次点名。但我

希望你们知道,当我死去时,我最后自然想到的一定是你们这支部队——这支部队——这支部队。"

在西点军校的最后一年里,麦克阿瑟经历了两次令他难忘的庆典。1902年7月4日,西点军校迎来了100周年校庆。数百名老校友,其中包括内战时的老对手和美西战争中的新秀们,在卡勒姆纪念厅欢聚一堂。总统西奥多·罗斯福、陆军部长伊莱休·鲁特以及其他一些政府官员、外国来宾也都光临西点。在庆典上,罗斯福总统发表了热情洋溢的讲话,他说:"西点军校已走过了第一个百年历程。在这整整一个世纪中,我们国家的任何一所其他学校都没有像它这样,在刻着我们民族最伟大公民的光荣册上,写下如此众多的名字。"

聆听着总统的讲话,麦克阿瑟激动不已。他在心里暗暗发誓:总有一天,我要把我的名字刻在那"最伟大公民的光荣册"上。

1903年6月11日,西点军校举行1903届学员毕业典礼。按照传统,学校邀请了部分学员的家长参加典礼。麦克阿瑟的父亲荣幸地成为其中一员,并自豪地坐在主席台上。

　　在仪式上，陆军部长鲁特的讲话给麦克阿瑟留下了深刻的印象："鉴于我们历史上的一切经验，在你们离开陆军之前，你们将参加另一次战争，那战争一定会到来，而且就要到来。为你们的国家做好准备去对付那场战争吧！"发毕业证书时，麦克阿瑟以第一名和第一上尉的身份第一个走上主席台。谁也没有想到，此时即将走出西点校门的麦克阿瑟，于1919年以美国历史上最年轻的西点军校校长身份重返西点，使墨守成规、面临垮台的西点获得新生。

　　麦克阿瑟生在军营，长在军营，学在军营，志在军营。得天独厚的天资和与众不同的家教及后天的塑造锤炼，养成了他坚强、勇敢、自信、高傲的性格，西点是造就麦克阿瑟的摇篮。他那标准的着装、优美的军姿、笔挺的体态、满怀信心的态度以及关于军校的故事，使他成为西点军校的骄傲和关注中心。他比别人付出了更多的劳动和汗水，因而获得了更多的荣誉和成果。戈塞尔斯曾在一封信中写道："麦克阿瑟说，他想在军校达到三个目标——在队列训练中夺冠，在四年级时升为学员副官，在田径项目上打破学校记录达到A级运动员标准……他的目标果然实现了。"

麦克阿瑟记得他在记事本上写下的第一句话就是"始终不渝地竭尽全力",并不断提醒自己"一定要做比要你做的更多的事"。迈出西点的校门,他那鲜明的个性、敏锐的感觉、娴熟的军事本领和高超的领导艺术已经注定他将是美国历史永远无法忽视的人。

辉煌的军旅生涯

1903年,23岁的麦克阿瑟从西点军校毕业了。他满怀着远大的抱负迈出了西点的大门,前往旧金山,等待分配工作。按照西点军校例年的传统,高才生一般都被送到升迁较快的工兵部队服役。因此,年轻的麦克阿瑟也不例外来到工兵部队服役,开始了他坎坷不平而又成绩辉煌的初期军旅生活。最初,他随工兵第一营一起被派到菲律宾执行勘测任务。

此时的菲律宾已在美国的控制之下,而这种控制正是麦克阿瑟的父亲——阿瑟第二征战取得的。3年前,他的父亲被任命为驻菲美军司令和军事总督,镇压了艾米利奥·阿奎纳多等人领导的抗美战争,达到了阿瑟第二军事生涯的顶峰。但菲律宾人民是顽强不屈的,各种游击抵抗力量分布广泛,活动频繁,美军士兵经常受其袭击。麦克阿瑟也遭受过袭击。

那是一个细雨濛濛的晚上,麦克阿瑟和一个士兵执行任务后返回营地途中,他们背着沉重的勘测仪器,雨水和丛林里的露水打湿了厚厚的军装，一丝丝的寒气钻入骨髓，那个士兵一边费力地从泥泞的泥地里拔出脚，一边低声地咒骂着这鬼天气和鬼地方。

麦克阿瑟刚想也发发愤慨，但突然一丝阴影袭上心头，常和父亲打猎所培养成的机敏和长期军事训练所锻炼出的警觉都告诉他：不对！有异常！但他镇静地继续向前深一脚浅一脚地走，同时减慢了频率，摆出一幅疲惫费力的样子，耳朵也竖了起来，眼睛有意无意地扫过两旁的树丛，突然，一个黑影在右边不远处闪了一下，麦克阿瑟的心一下子提了起来，手不由自主地摸到了腰间的手枪，这可是有生以来头一次遭遇到敌人并准备投入战斗，啊！冰冷的手枪把使他镇静了下来，而这一切对后面的那个士兵就像发生在另一个世界一样，他的咒骂此刻已换为家乡的小曲哼了起来，还不时停顿一下，吐一口雨水和汗水的混合物。

麦克阿瑟很想提醒他一声，可一是他毕竟比自己小两岁是没有经过长时间训练的新兵，会吓坏的；二是麦克阿瑟又不想错过这个立功的机会，把敌人放跑。于是两人仍若无其事地前行着。年轻的麦克阿瑟哪里知道，路的另一边还有一个黑影埋伏着。这时，一个黑洞洞的枪口已顶住他的脑袋。万幸的是，随着一声清脆的枪声，麦克阿瑟的军帽代替他的脑袋飞了出去。同行的士兵吓得趴在了地上，而麦克阿瑟一弓身钻入了树林里，并甩掉身上的仪器，开枪的人也许以为得手了，从隐蔽处站起身来，但他这次却被麦克阿瑟的子弹击中了，倒在血泊里。

这是麦克阿瑟第一次举枪杀人，他也为之一呆，但时间已不容他多想，也许是天生的军人素质告诉他，还有一个敌人！于是他又迅速向路边转移。这时一声尖叫传了过来，是美语，毫无疑问，同行的士兵与另一个敌人遭遇了，他的目光与枪口同时瞄向了小路，他发现敌人已俘虏了他的士兵。如果前面站着的黑影是军校的靶子，他有把握打倒，但这是个活人且脚下还有自己的同胞，他不由把枪身又紧握了几下。子弹终于飞了出去，那黑影应声倒地。那个吓坏了的士兵走到麦克阿瑟身边，眼前出现的美式军用胶靴才使他回过神来，麦克阿瑟像当年父亲拍他肩头一样拍了拍刚刚爬起来的士兵的肩膀，说道："我们是军人，而军人没有胆小鬼！记住这句话……"

这件事很快在军营里传开，麦克阿瑟的地位一下子提高了，士兵们都愿意和他同时执行任务，他似乎成了"保护神"。

1904年春,麦克阿瑟晋级成为一名中尉。这一年,他在马尼拉有幸结识了两位刚从圣托马斯大学毕业的学生,并同他们结为朋友。这两个人一位是曼努埃尔·奎松,一位是塞吉奥·奥斯梅纳。奎松后来曾任塔亚巴斯省省长、菲驻美众议院常驻专员、菲律宾参议院议长,国民党党魁,1935年11月当选为菲自治政府总统。奥斯梅纳后来也成为政治家,曾任宿务省省长、众议院议长、奎松政府的副总统,1944年奎松去世后继任总统。这两个人同麦克阿瑟始终有着很深的交情,特别是在第二次世界大战期间,他们的命运曾经是连在一起的。

在菲律宾期间,麦克阿瑟得了疟疾,因此,他10月份回国后在旧金山整整治了一年的病。

这期间,日本和沙俄正在为争夺中国东北和朝鲜进行战争。美国在这场战争中偏袒日本,并指派老阿瑟以军事观察员身份前往日本搜集军事情报。麦克阿瑟有幸在病愈后被派去给父亲作随从副官。在日本,他陪同父亲会见过一些日军要员,这些人给他留下了"残酷无情、沉默寡言、冷若冰霜、性格倔强、目的不可动摇"的印象。父子俩分析后,估计日本的军事目的是扩张,得出这样的结论:日本在征服了朝鲜和台湾后,势必要进一步控制太平洋，称霸远东。

不久，父子二人受命把情报搜集范围扩大到亚洲其他国家和地区。他们于1905年11月出发，用了近9个月的时间先后巡察了香港、新加坡、缅甸、印度、爪哇、泰国、越南和中国。此行使麦克阿瑟大开眼界，大长见识，成为他一生中最重要的经历之一。远东的风光，远东的物产，远东悠久的历史，远东博大精深的文化，使麦克阿瑟赞叹不已。他后来回忆说，远东对他有着"不可思议的吸引力……使我一生的全部岁月增辉生色，对我的一生产生了深远的影响。

这里居住着世界人口的一半，维持以后各代人生存的原料、半加工产品有一半以上出自这里……我看得十分清楚，美国的未来以及美国究竟能否生存都无法不同亚洲和其外围岛屿联系在一起。"在以后的岁月里，他的这一认识始终没有淡化过，而且越来越强烈。在任西点军校校长期间，他曾下令在校内悬挂亚洲地图，供学员们学习。而他本人也的确与此有缘，从20年代起，他的个人命运便一直同美国和亚太地区存在的历史紧密地联系在一起，成为对这一区域产生了最为深远影响的美国人。

回国后，在1906年10月，他被选派到华盛顿高级工兵学校进修一年，与他同班的还有后来曾在二战期间任陆军参谋长的乔治·马歇尔和他手下的战将之一、第 6 集团军司令沃尔特·克鲁格。由于这期间他沉溺于官场社交活动，从而影响了进修学业，使他的成绩不很理想，排在名列第一的马歇尔后面。军校校长埃弗勒斯·温斯洛在鉴定报告中写道："我不得不遗憾地如实报告……麦克阿瑟中尉缺乏职业热情，他的工作能力比在西点军校的履历表上记载的要差得多。"这份报告对麦克阿瑟产生了十分不利的影响。他先在密尔沃基任职，后又被派到莱文沃思，担任驻地 21 个连队中等级最低的一个连的连长。

阿瑟的母亲为儿子的前途黯淡忧心忡忡，对他的职业似乎失去了信心，想在非军界给他找一份工作。因此，她写信给西部铁路大王爱德华·亨利·哈里曼，请求他雇用他的儿子。这件事麦克阿瑟事先并不知道，当哈里曼的助手到莱文沃思找他谈话时，他感到十分惊讶，并毫不犹豫地回绝了这件事。为了挽回他的声誉，恢复母亲的信心，他发奋工作，忠于职守，每天带队行军 25 英里，同时训练士兵的骑马、爆破和架桥技术。他的这番努力没有白费，扭转了连队的落后局面。他的上司又开始把他视为出众的人才了，并把他调到"第一流的"连队。他后来得意地回忆说："即使他们让我当将军，我也不会比这更高兴。"1911年2月，31岁的麦克阿瑟被提升为上尉。

此时，家中的不幸接踵而来。先是母亲身染重病，第二年，他的父亲又猝然死去。为了照顾母亲，他请求调到密尔沃基母亲身边工作，但被拒绝。1912年，麦克阿瑟被调往华盛顿，在陆军部任职。对麦克阿瑟来说，这是个不可多得的机会，施展他才华的时候来临了。

来到陆军部的第二年，即1913年9月，伦纳德·伍德任命麦克阿瑟为参谋部的正式成员。

陆军参谋部成立于1903年，当时任陆军部长的伊莱休·鲁特力排众议，说服国会通过了参谋部法，以陆军参谋长一职取代原来的陆军总司令。参谋部在成立之初是个很小的、作用有限的机构，只有3个处和45名成员。鲁特建立参谋部的本意是使其像德国的总参谋部一样成为"军队的大脑"，主要负责计划和指导，而不应陷入军队的日常事务。但这样做的结果却无意中提高了负责行政工作的陆军部副官署的地位，而参谋部则不知不觉地陷入了一种无人问津的地步，成了高高在上又毫无权力的空架子。最初几任参谋长在履行职责时都感到困难重重，束手无策，直到伦纳德·伍德1910年上任后，情形才有所好转。

伍德 1884 年毕业于哈佛医学院，后在陆军中当医生。美西战争期间，曾与西奥多·罗斯福招募志愿军第 1 骑兵团并任团长，不久即升为准将。战争结束后，他当了 1 年的古巴总督，接着又去菲律宾任职。他在接任陆军参谋长后即决心改变参谋部的地位，把它从沉睡中唤醒。1912 年他和陆军部长亨利·史汀生一起向副官署署长安斯沃思将军的权力发起挑战，并以抗上罪名迫使安斯沃思退休，从而在名义上确立了参谋部对其他机关所具有的上级地位。但敌视参谋部的国会却马上回敬以具有约束力的立法来遏制伍德统治下的参谋部，把它的成员减少到 36 名，麦克阿瑟便是这 36 名成员之一，并很快受到伍德的青睐。能否直接参与制定国家的动员和战争计划，这对他来说无疑是一次大开眼界、增长知识和才干的极好机会，对他后来成为运筹帷幄的三军统帅产生了重要影响。

这期间，与美国为邻的墨西哥爆发了声势浩大的资产阶级民主革命，严重冲击了美国在墨西哥的利益。据统计，在前独裁者迪亚斯统治时期（1877—1911），美国资本控制了墨西哥矿产的 78%、钢铁企业的 72%、石油产品的 58%。1913 年 3 月韦尔塔发动政变上台后，暗中与英国石油资本家相勾结，使美国的石油大亨们极为恼火。1914 年

4月，美国总统伍德罗·威尔逊以墨西哥当局扣留美国水兵为借口，出兵攻占墨西哥东海岸最大城市韦拉克鲁斯。

在这次行动中，麦克阿瑟父亲的老部下芬斯顿将军指挥一个旅的兵力执行占领任务，麦克阿瑟本人则受命作为参谋部成员随芬斯顿将军于5月1日到韦拉克鲁斯搜集情报。

麦克阿瑟发现，那里缺少机械化交通工具，要是陆军开过来，将完全依赖畜力运输，当他听说有几台铁路机车被藏在敌方防线后面时，便准备深入敌后进行侦察。于是他径直找到了芬斯顿将军，把了解到的情况和自己准备带领侦察小队去侦察的计划说了出来。

将军沉思了一下，拍拍麦克阿瑟的肩头，慈爱地说道："孩子，你考虑的运输问题是对的，应该想办法解决。但你太年轻，而且是总参谋部的人，不适合去搞侦察，况且也不值得为一条并不确切的消息而冒生命危险。"

麦克阿瑟听了很不服气，刚想反驳。但将军已示意他离去。他心里明白，作为父亲的老部下和得力干将，芬斯顿将军是在爱护他，不愿他去无谓冒险。但他下了决心就绝不回头的执拗和军人无畏的品质使他不愿放弃这个机会。他决定独自一人去深入敌后侦察。在这种临线时期，死是白死的，而且边界地区墨西哥士兵巡逻防卫得很严。麦克阿瑟的头一件困难就是没有向导，有谁愿冒这个险？好在他这段时间搞情报接触了各色的人，通过种种途径、再搭上自己的一笔积蓄，终于找到了两个本地人作向导，但提出只负责带他进入墨西哥防线内，不负责他返回，一旦发生冲突，立即与麦克阿瑟分开，自己逃命。

  麦克阿瑟考虑再三后还是起身了。经过乔装打扮穿过防线，到了预定地点后，向导便与他分手了。他孤身一人，随时都有被人发现并击毙的危险。功夫不负有心人，经过他的四处侦察、打听，终于在一个山洞里发现了5台机车，其中有3台完好无损，另两台经过修理也可对付着用。这样陆军运输问题就基本上解决了。

  正当他陶醉在自己所取得的成绩中时，由于一个向导的告密，墨西哥士兵发现了他，随即他的袖口上便被子弹打穿3个洞，幸好只擦破了点皮儿，他迅速地逃离了山洞，钻进了周围茂密的树林，并向防线边境疾跑。几个士兵在后面紧追不舍。虽然几英里就到了边防线，但这段距离对当时的麦克阿瑟来说真是艰辛而又漫长，子弹不时从身边擦过，树枝把衣服刮得一条条的，他不时趴下或躲在树后还击，两个士兵被击毙，对追击的其他人起了些威慑作用，速度慢了下来，但麦克阿瑟也累得疲惫不堪了。好不容易到了边防线，不幸中万幸的是，恰好此时此处没有边防军，他几个箭步窜了过去，追兵只好眼睁睁地看着他消失在防线外的树林中。

当天晚上，麦克阿瑟迈着矫健的步伐走进了芬斯顿将军的办公室，把详细的情报告诉了将军。这次孤胆英雄的壮举自然迅速地传遍了整个旅。当他走入军营时，大家都投之以敬佩的目光。麦克阿瑟自己也有些飘飘然了，到处和别人讲述自己的经历，竭力把自己描写成一个伟大的英雄，大肆渲染其危险程度，以赢得大家的敬佩和赞扬。由于他在这次行动中确实表现出了一个美国军人所必须具有的胆略和军事技能，芬斯顿将军非常赞赏，称他不愧为阿瑟·麦克阿瑟的儿子，并将情况向陆军参谋长伦纳德·伍德汇报，将其大大称赞了一番。伍德将军本来就很器重麦克阿瑟，于是想借此事奖励他，也想借他炫耀参谋部成员的优秀，来壮大参谋部的声望，因此，伍德将军建议授予麦克阿瑟一枚国会荣誉勋章——美国军人的最高奖励，但被陆军部以麦克阿瑟擅自行动不宜奖励为由而否决了。

麦克阿瑟闻知后，大为恼怒，他一气之下竟然写了一封信给陆军部，向不同意授予他勋章的陆军部要员们提出质疑，要求重新审议。这在军界圈内的绝大多数人看来，麦克阿瑟这一举动太轻率鲁莽、粗俗无礼。毫无疑问，他提的要求再一次被否决，并在陆军部的人中留下了坏印象。

1914年七八月间，第一次世界大战在欧洲全面爆发。大战之初，美国宣布严守中立。但一年之后。随着英国客轮"卢西塔尼亚"号被德国潜艇击沉于爱尔兰海域，导致1200人（其中100多人为美国人）死亡这一事件的发生，美国国内公众舆论逐渐转向支持协约国。

1915年12月7日，威尔逊总统在国会发表演说，宣布美国有必要"进行战备"。由于总统态度的这一改变，陆军部和海军部开始制订和推行扩军计划。

此时刚刚晋升为少校的麦克阿瑟，作为参谋长和陆军部长的助手，积极参与了扩建陆军的行动。同时，作为兼职工作，他还在1916年7月被任命为陆军部的新闻检察官，负责联络报界。他非常倾心于这项工作，把它看做是向新闻界解释陆军的动员政策、说服他们支持陆军扩建计划的极好机会。他走马上任后所做的第一件事，就是把记者们召集在一起，对他们说："诸位先生们，对这项工作，或者说对你们的工作我一无所知。我已做好接受法庭制裁的准备，带诸位观看我们的一切，没有任何阻拦。你们将会知道，为我国的最高利益应在报刊上发表什么，不应发表什么，我是一只小羔羊，恳求诸位保护我。"

麦克阿瑟的工作取得了显著的成绩，也获得了普遍的赞誉。

1917年4月6日，美国参众两院通过了威尔逊总统的对德宣战决议案。促使美国参战的原因是多方面的。战争初期，美国之所以采取"坐山观虎斗"的中立政策，一方面这可以使它在"中立"的名义下同交战双方（特别是协约国方面）做买卖，大发战争财；另一方面又可以在两大军事集团相互削弱之后，实现自己称霸世界的野心。但到1916年底，特别是1917年俄国二月革命后，战争形势出现了对协约国方面不利的局面。一旦同盟军取胜，美国对协约国的债主地位便会崩溃。同时，在远东，日本的扩张野心日益暴露，假使德日联合起来共同对付美国，美国称霸世界的野心便会落空。此时，大战接近尾声，美国为了在战后国际分赃中占有一席之地，觉得参战的时候到了。1917年1月，德国宣布恢复无限制潜艇战后，德国潜艇多次击沉美国商船，成了美国参战的直接原因。此时的欧洲战场荒冢累累、尸横遍野,协约国在焦急地等待美军的到来。

这个时候,在美国国内,除正规军外,各州的国民警卫队也都动员起来,纷纷要求成为派往海外的第一支部队。这给陆军部长贝克出了一道难题,他对麦克阿瑟说:"但愿我们能有一个师,兵源来自各个州,这样,每个州都会因为在第一批送往海外的人员中有他们的男儿而感到骄傲。"麦克阿瑟建议贝克将26个州国民警卫队各师的编余部分合在一起,正式编成一个师,并说这个师来自全国各地,就像一条横跨长空的彩虹一样。贝克欣然接受了这个建议,并把这个新组建的师(第42师)取名为"彩虹师"。他还决定由参谋部的威廉·曼准将担任该师师长,并让麦克阿瑟任参谋长。麦克阿瑟惊恐地说他还不够格,可贝克却说:"你错了,你现在就是一名上校,我马上签发你的委任状。"这样,麦克阿瑟便荣幸地被破格提拔为上校师参谋长。由于曼准将年事已高,不久就要退休,因此他对麦克阿瑟放任不管,言听计从,任由他处理军中事务,使麦克阿瑟成为该师的真正支配者。

1917年10月,拥有2.7万人的彩虹师前往法国。到达前线不久,麦克阿瑟遇到了平生第一次重大挑战:设在肖蒙的远征军司令部里有些参谋对麦克阿瑟凌驾于彩虹师师长之上感到不满，他们甚至掀起一次运动，要解散这个师，把官兵分配到别的师去。麦克阿瑟把这一企图看成是对他个人的侮辱和排挤，因此予以猛烈回击。他直接致电华盛顿申诉，鼓动组成该师的各州国会议员起来要求保持该师的完整。这一企图终于被制止，但从此他也与总司令手下的参谋人员结了怨，把他们（其中就有乔治·马歇尔）看做是他的死对头。后来他公开扬言，肖蒙远征军总部的头头们敌视和妒忌他，不给他授勋晋级，不让他获得在战场上所赢得的荣誉。

事实上，很少有人怀疑阿瑟是第一次世界大战中的英雄。他在作战中英勇无畏、精通战术、身先士卒、不避艰险。他经常在冲锋时率先攻入敌阵，同部属并肩战斗、患难与共，与官兵们结下了战友情谊，赢得了他们的钦佩和仰慕。他虽然是个爱慕虚荣、喜欢自夸的人，但他同时也夸耀他手下的士兵，一张嘴便说他们如何优秀，每次在他大出风头的时候总让他们一起跟着沾光。

1913年2月中旬，麦克阿瑟率彩虹师开进洛林南部吕内维尔防区的堑壕中。很快他便在一次夜袭中证明自己是远征军中最引人注目、最英勇无畏的军官之一。那是2月

26日夜，他一身乔装打扮，手提马鞭，脸上涂泥，未报告师长就随法国人的突击队去袭击德军阵地。战斗进行得异常激烈而残酷。最后大约有600名德国人被俘，其中有一名德军上校是麦克阿瑟用马鞭击中擒获的。由于在这次行动中的突出表现，他获得了首枚法国十字军功章和美国的银星章。在另一次战斗中，麦克阿瑟为了查清敌人阵地的情况，组织了一个夜间侦察小分队，并亲自随小分队一起行动。在前进途中，他们遇到敌军火力的猛烈射击，结果其余的人都死了，只有麦克阿瑟一个人活着返回阵地。他把这次幸免于难看做是上帝保佑的结果。

提起麦克阿瑟非同一般的勇气，他的师长这样说道："在英雄主义和勇敢行为非常普遍的地方，他的勇敢是很杰出的。"

有一次，敌军发起进攻，大炮的震动声响遍前线，战火和硝烟弥漫在指挥所周围。突然，一发重炮袭来，指挥所的一面墙壁坍倒了大半，眼看着指挥人员的生命危在旦夕。麦克阿瑟身边的参谋人员连连说："快撤吧，参谋长！"可麦克阿瑟呢？只见他极其镇静地牢牢坐在椅子上，一动也不动，参谋人员都为他提着一把汗。又一阵炮传来，屋顶的尘土震落。麦克阿瑟笑笑说："整个德国还没造出一发能打死麦克阿瑟的炮弹呢!"

彩虹师在洛林地区坚守达 4 个月之久。这期间,麦克阿瑟因"沉着、冷静和高度勇敢"而再次获得十字军功章和美国的服务优异十字勋章,还因中过毒气而获得紫心勋章,那是专门授予作战中负伤的军人的。

当麦克阿瑟因功勋卓著而见诸报端时,他的照片也频频被引至报首,并引起了众人的极大兴趣,成为注目的焦点。下面,就让我们看一看这位远征军将领的奇装异服吧。

麦克阿瑟头戴软便帽,身穿发亮的高领套头毛线衫,下着纯色马裤,脖子上围着飘逸的长围巾,高筒马靴锃亮,口里叼着烟斗,手里提着的,不是枪,而是一根马鞭。

战地记者把这身打扮称为"远征军中的花花公子"的着装。当记者问麦克阿瑟:

"请问上校先生,您为什么打扮得如此与众不同呢?"

麦克阿瑟坦率地回答:"为了一举成名。"

然而就是这位"花花公子",屡战屡胜。在彩虹师撤出前线阵地的第 5 天,他成了准将。

在这一年的春夏,德军在西线发动了一系列大规模攻势。从 3 月 21 日开始，鲁登道夫指挥德军在索姆河突破了英法防线，并于 4 月间在佛兰德地区大举进攻。到 6 月份，德军的攻势在亚妮、佛兰德和马恩河形成伸向英法战线的 3 个突出部，推进至距巴黎只有 40 英里的蒂耶里堡。7 月 15 日，德军在马恩河突出部再次发动孤注一掷的进攻，企图攻击英法联军的后方，随后向巴黎方向发起进攻。

此前，麦克阿瑟指挥的彩虹师在经过短暂的休整后，于 7 月 4 日重返前线，先后配属给兰斯附近的法国第 4 和第 6 集团军。这一地区是德军重点突击的目标。当 7 月 15 日凌晨德国军队发动进攻时，麦克阿瑟指挥彩虹师勇猛而顽强地投入了战斗。

在一次出击中，他亲自指挥一个营向敌军发起进攻，第一个跃出战壕，冒着枪林弹雨向前冲去，并高喊："跟我来！"于是士兵们呼喊着冲了上来，与敌短兵相接，最后夺取了战斗的胜利。这一情形不禁使人联想起老麦克阿瑟在米申岭战斗中的英姿，真是将门虎子！在这次战役中，麦克阿瑟还试着用了一些新的战术，如主动放弃第一道防线，诱敌进占，然后以重炮实施集中射击，大量杀伤敌有生力量。至 8 月 5 日会战结束，突入的德军被赶回马恩河北岸，协约国方面从此夺取了战略主动权，而麦克阿瑟则因作战英勇又获得了两枚银星章和一枚法国十字军功章。

经过这次战役，彩虹师几乎伤亡了一半兵员。因此战役结束后，该师后撤进行休整和重建，得到9000名新兵的补充。其间，麦克阿瑟调往该师第84步兵旅任旅长。9月10日，该师重返前线，隶属潘兴将军指挥的第1集团军，参加了由美军单独组织的圣米耶勒战役。麦克阿瑟在这次行动中又获两枚银星章。

9月下旬，协约国军队对德军开始发起总攻。彩虹师配属给美国第5军，参加默兹——阿尔贡进攻战役。战役初期，美国在进攻夏蒂隆山时一度受挫。麦克阿瑟在战斗中严重中毒，几乎双目失明，但他拒绝去医院，坚持留在阵地。

一天晚上，第5军军长来到他的指挥部，对他说："快给我拿下夏蒂隆，否则给我一份5000人的伤亡名单。"麦克阿瑟坚定地说："若拿不下夏蒂隆，你就把全旅官兵列入伤亡名单，并把我的名字列在首位。"10月14日，美军恢复进攻。麦克阿瑟巧妙地调动兵力，连续组织进攻，一举夺下288、242高地和夏蒂隆山，完成了预定作战任务，从而获得了第二枚服务优异十字勋章和第二枚紫心章。

嘉奖令中的一段话很动人："在勇气支配一切的战场上，他的勇气是最有力的决定因素。"

在经过短暂的休整后，弹药充足、士气高昂的彩虹师于11月4日重返前线，受命向色当方向追击德军。为了与法军抢功，总部作战处处长马歇尔上校经参谋长德鲁姆将军同意，于次日夜向美军部队下达了一道命令，要求他们不要错过黑夜利于全力推进的有利时机，一举拿下色当。但命令的最后一句话却导致了混乱的发生。那句话是："战斗分界线将被认为不具有约束力。"结果，美军指挥官们把这句话理解为允许他们开展一次向色当进军的竞赛。

当时，麦克阿瑟的彩虹师作为先头部队离色当不到3英里，师的观察哨可以清楚地看到默兹河对岸色当城里的街道。麦克阿瑟计划第二天渡过默兹河进攻色当。但就在这时，接到总部上述命令的第1师却径直从后方涌向彩虹师，部队顿时混作一团，乱成一片，道路被各种车辆挤得水泄不通。麦克阿瑟对这种混乱局面既震惊又气恼，当他到前面去查看情况时，第1师的一个年轻少尉把这个着装特别的准将当成德国人抓了起来，解除了他的武装，直到有人认出他来，他才被释放。

这件事是第一次世界大战期间引起争论最多的问题之一。过后，麦克阿瑟公开把这件事当成一个大笑话，并一直对此耿耿于怀。他曾经看过那道引起混乱的命令，也肯定知道那是马歇尔写的，因此他认为马歇尔应对所造成的混乱及他精心制订的攻占色当的计划的破产负责。马歇尔与第1师的特殊关系（他曾任第1师参谋长）更加重了麦克阿瑟的疑虑：难道这不正是马歇尔的命令纵容他的第1师伙伴进入彩虹师的地盘，急急忙忙抢在前头去打色当的吗？

麦克阿瑟实在冤枉了马歇尔。麦克阿瑟是个视荣誉如生命的人，任何损伤了他的光荣与骄傲的人都被他看成敌人。这件事也埋下了麦克阿瑟与马歇尔一生不睦的种子。

在历史上，马歇尔以宽宏大度、虚怀若谷、公正无私而享誉，而麦克阿瑟却让人们无法用一个固定的框架去形容，他的个性是如此丰富，把自己的优点和不足都发挥得淋漓尽致，以致多年后好莱坞最著名的影星也觉得无法把麦克阿瑟演得真真切切、栩栩如生。然而，话又说回，不管是美军还是法军，不管是第1师还是彩虹师，都未能攻占色当。德国人直到最后宣布投降，一直坚守着这座城市。

11月11日凌晨5时，德国人在停战协定上签了字。至此，历时4年零3个月的第一次世界大战以协约国的胜利宣告结束。战争中，彩虹师在前线224天，实际战斗162天，共伤亡14 683人，为美军立了赫赫战功。身为该师主要指挥官的麦克阿瑟自然当属头功，成为大战中授勋最多的军官之一，也是被提升为准将的最年轻军官之一。对他在战争中所表现出来的巨大勇气，很少有人提出异议。在战争结束时，他被提升为师长。彩虹师的全体官兵送给他一个金烟盒，上面刻着："献给勇敢的人们中最勇敢的人——全师赠。"

第一次世界大战使年轻的麦克阿瑟崭露头角，为以后的平步青云奠定了基础。战火与硝烟考验了麦克阿瑟，使他的意志更为坚定、作风更为老练。麦克阿瑟作为一名将领和军事指挥官，逐渐成熟起来。

五星上将"壮志"难酬

第一次世界结束了，麦克阿瑟于1919年4月从欧洲归国。6月，他被任命为西点军校的校长。当时西点军校比较混乱，军校的课程陈旧过时，学员的知识面极为狭窄。新任陆军参谋长佩顿·马奇对此深为不满，他对麦克阿瑟说，西点军校有悠久的历史，要使军校恢复起来，重放光彩。麦克阿瑟在西点当了整整3年的校长，出色地完成了他的使命。他进行了大胆的改革，使西点获得了新生。一位传记作者这样总结说："在麦克阿瑟的漫漫人生历程中，有许多方面人们至今仍争论不休，但在这条漫长的灰色战线上，人们却一致认为，是他而不是任何别人领导西点军校跨进迅速发展变化的世界，开始了现代军事教育。的确，他在美国军事院校方面所做的开拓性努力，是他对建设现代军队做出的最重要的贡献之一。"

1922年麦克阿瑟离开西点军校，被派到菲律宾任职，直至1925年。同年2月，45岁的麦克阿瑟被提升为少将，他是陆军中最年轻的少将。与此同时，他奉命归国，统辖第3军区。1928年夏，麦克阿瑟再次被派往马尼拉，担任美国驻菲律宾部队司令。他对再度赴菲十分高兴，他在回忆录中写到："没有什么委任比这更使我高兴了。"他同参谋人员相处得十分融洽，和美国当时驻菲总督史汀生建立了亲密的友谊。1930年8月5日，麦克阿瑟收到陆军部长发来的电报，胡佛总统决定由麦克阿瑟出任陆军参谋长之职。1930年11月，麦克阿瑟宣誓就职，时年50岁，成为美国历史上最年轻的参谋长，开始了与胡佛总统为期4年的同舟共济。

1935年夏天，麦克阿瑟参谋长任期结束，他接受菲律宾自治政府总统奎松的邀请，担任菲律宾军事顾问，这是他第三度赴菲。美西战争后，菲律宾成了美国的殖民地。1934年美国国会通过了泰丁斯——麦克杜菲法案，批准菲律宾于1935年建立自治政府，1946年7月4日完全独立，届时美国部队全部撤出。美国的如意算盘似乎是鼓励菲律宾在美国"援助"下，逐渐建立起一支军事力量，在1946年获取独立时能够达到自卫的程度，使美国这块势力范围不落入潜在敌人之手，麦克阿瑟就是在这种背景下入菲的。一抵达菲律宾，麦克阿瑟迅即着手实施组建菲律宾军队的计划，计划规定，至1946年菲律宾将拥有40个师——一支40万人的地面部队,一支拥有250架飞机的空军和一支由50艘鱼雷快艇组成的海军。麦克阿瑟曾为此吹嘘说:"到1949年,我将把这个群岛变成太平洋的瑞士,任何侵略者必须付出50万人、3年时间和50亿美元的代价才能征服它。"这个计划由于经济、政治等多种原因而基本流产,而麦克阿瑟的夸口后来在日本侵略军面前也彻底破产。1936年,麦克阿瑟接受奎松总统授予菲律宾军陆军元帅的军衔,与此同时,他正式退出了已服役37年的美国陆军。他月薪16500美元,在风光旖旎的马尼拉湾过起舒适的生活。他身穿自己设计的一套滑稽的元帅服,服装用白色雪克斯金细呢制成,翻领的下边缀着红色肩章,镶有金星,手里还提着一根金短杖。一些批评家讥之为"吕宋的拿破仑","拉美'香蕉园'的独裁者"。

战争惊醒了麦克阿瑟的美梦。远东太平洋地区局势日趋紧张,麦克阿瑟于1941年7月27日应召重服现役,领中将衔,并被任命为远东美军统帅。1941年12月7日,日本偷袭珍珠港,同时向菲律宾、泰国、马来西亚、新加坡、香港、关岛、威克岛等地大举进攻。太平洋战争全面爆发,麦克阿瑟也开始了他生命中最为艰难而辉煌的生涯。

12月10日，日本人开始了他们对吕宋岛的地面进攻。当时麦克阿瑟指挥下的部队是美军1.9万人，菲律宾军1.2万人和菲律宾民兵11万人，这些部队多数装备低劣，训练很差。此外，美菲军队拥有近150架飞机和一支小小的亚洲舰队。在日军进攻面前，美军节节败退，损失惨重。麦克阿瑟鉴于美国空军已损失殆尽、陆军也损失一半、无法阻挡日军主力，决定从马尼拉撤退所有部队并宣布该城为不设防城市，把军队集中在马尼拉湾西侧的巴丹半岛进行防守，美菲军司令部也迁于此。在此过程中，麦克阿瑟成功地实现了"远东敦刻尔克撤退计划"。他有效地利用了日军一直以夺取马尼拉为首要目标、而忽视了运用空中优势摧毁美菲军撤退的必经之地——卡隆比特河上的两座桥梁的机会，一边设置路障、破坏道路、有效迟滞日军推进速度，一边使南部部队利用车辆快速通过马尼拉城进入巴丹。当日本人发现失误想切断这两座桥梁时，为时已晚。麦克阿瑟投入了最后一支坦克预备队，以高昂的代价成功地阻止了日军的企图。1月1日凌晨，当最后一批部队撤到河对岸时，温赖特将军看着从后面追上来的日本兵，下令道："炸掉它！"6点15分，随着两声巨响，卡隆比特河上的两座大桥坠入河中。这个连日本人也大加称赞的"伟大战略行动"顺利完成了。

然而,这个所谓"伟大的战略行动"并没有最终挽救美菲军队。困守巴丹,食品、药品的缺乏,孤立无援,士气的低落决定了美菲军队覆灭的厄运。3月17日当逃出虎口的麦克阿瑟去往澳大利亚墨尔本途中接受记者采访时,他在阿德莱车站作了恺撒式的声明:

"就我所知,美国总统命令我冲破日本人的防线,从科雷希多岛来到澳大利亚,目的是组织对日本的进攻,其中主要目标之一是援救菲律宾。我出来了,但我还要回去!"

"我还要回去"成了麦克阿瑟在第二次世界大战中的一句名言和鼓舞士气的战斗口号。它被写在海滩上,涂在墙壁上,打在邮件上,诵进祷词里。

华盛顿为表彰他在菲律宾的英勇行为,特授予他国会荣誉勋章,这是麦克阿瑟等了28年才得到的最高奖赏。然而,麦克阿瑟却一点也高兴不起来,当听到温赖特将军和美菲军队无条件投降、哥黎希律陷落的消息时,他写道:"它用自己的炮口写下了自己的历史……我将永远有一幅图景隐现在脑际:一群神情严肃,形容憔悴、像鬼一样苍白的好汉们,依然无畏地挺立着。"

"我还要回去",麦克阿瑟一直牢牢记住这个许诺。1943年9月14日,他认为反攻的时刻已经来临,命令司令部制订了一部进攻计划。麦克阿瑟用了"大迂回"战术,这意味着盟军将付出巨大的代价,事实也证明如此。这次战役直到第二年1月3日才告结束,虽然取得了巴布亚战役的胜利,但麦克阿瑟投入了3万部队,其中阵亡3000人,5400人受伤,毙敌7000余人,比同期的瓜岛战役的伤亡人数多了近一倍,成为太平洋战争盟军损失最大的战役之一。尽管如此,麦克阿瑟仍为这次胜利而精神大振,夸耀盟军的损失很小。但是这场战役使人们看到要想打败日本,必须唤醒人们的爱国心,增添精力和勇气,也许还需要来自宗教的某种狂热。

第一次反击成功后,麦克阿瑟就开始了他在第二次世界大战中的辉煌历程。1943年3月3日,空军第5航空队采取精彩的"跳弹轰炸"技术向日本舰队发动猛烈攻击。攻击整整进行到傍晚,结果,日本舰队几乎全军覆灭,全部8艘运输舰和4艘驱逐舰被击沉,只有4艘驱逐舰得以幸免于难。侥幸乘上救生艇的日军又遭到从米尔恩湾开来的鱼雷快艇的枪炮射击,幸存者一部分被那4艘驱逐舰救起,一部分冒着枪林弹雨渡过丹皮尔海峡,在新几内亚登陆。对那些登陆的日本兵来说，噩梦并没有做完。当地土著人为猎取人头而到处追捕他们，最后只有1000余人到达莱城。这就是闻名的"俾斯麦大海战"。

沉浸在胜利的喜悦之中的麦克阿瑟开始了一个雄心勃勃的计划，经过3天的讨论，麦克阿瑟与哈尔西将军制订出了一份复杂而详细、代号为"车轮行动"的作战方案。该方案计划在1943年年底前，在所罗门群岛和新几内亚相继实施13次两栖登陆。第一步将于5月份实施，由麦克阿瑟的部队进占新几内亚以东海域的伍德拉克岛和基星维纳岛，作为特罗布里恩群岛的前哨基地。与此同时，哈尔西的部队将向新乔治亚群岛实施登陆作战。后来，由于船只和登陆艇短缺，迫使麦克阿瑟把行动的开始时间向后推迟了一个月。这样，到1944年3月，盟军的两个"车轮"经过9个月的迂回滚动，最后在马努斯岛和埃米拉岛完成了对腊包尔的包围，10万日军被封锁在腊包尔和卡维恩，他们将被远远地抛在后面而"自生自灭"，麦克阿瑟与他的亲密战友们创造了又一个辉煌的战绩。

随着日本的转攻为守、节节败阵，盟军完全掌握了战争的主动权。美国的战略目标是进攻日本本土诸岛，但这一目标是通过一种越岛进攻的战术来实现的。这一战术后来日臻完善。麦克阿瑟在其回忆录里是这样描写的:"这种战争方式的实际应用,就是避免以大量的伤亡进行正面的攻击;就是避开日军据点,切断给养线,使它们无所作为;就是孤立他们的军队,使他们在战场上饿死……从那时起,这就是我调动部队与拟定作战计划的指导思想。"把日军在西南太平洋最重要的海空军基地腊包尔围而不打,使其失去作用就是应用越岛战术的典型例子。日本人逐渐发现包围他们要塞的不完全是敌人,而是一片蓝色的天空和绿色的海洋。美军对很多岛屿只是用飞机骚扰并切断供应线,使日军逐渐被困死。美军凡获得一个据点,立即修建机场,让轰炸机占领新的基地,并展开新的越岛进攻。这种越岛进攻战术粉碎了日军要在太平洋上跟盟国军队逐岛争夺,死拼硬打,阻止盟军进攻日本本土的战略意图,从而加重了日军的被动地位。

至1944年春、夏,美军已攻占阿留申群岛、吉尔贝特群岛、所罗门群岛、新不列颠岛、新几内亚岛、马绍尔群岛、加罗林群岛和马利亚纳群岛等。美军在太平洋上已拥有了绝对的优势。1944年10月,麦克阿瑟登上了"纳什维尔"旗舰向菲律宾进发。在"纳什维尔"号周围拥有800多艘舰船,这是有史以来最庞大的一支舰队。对麦克阿瑟来说，这是充满戏剧性的时刻，他又要回到他"喜爱"的菲律宾了。10月20日，美军第一批部队在莱特岛登陆，麦克阿瑟从一艘登陆艇上下来涉水上岸并在菲律宾总统奥斯敏纳陪同下，在一辆广播车的话筒前，激动地发表了讲话："菲律宾人民，我回来了！……让巴丹半岛和哥黎希律岛上的那种不屈不挠的精神发扬光大。在战线向前推进到你们所在地区时，起来战斗！利用每一个人的有利机会，打击敌人！为了你们的故乡家庭，战斗！为了你们神圣的死者，战斗！……"

这样，麦克阿瑟在离开菲律宾两年半之后，又重新回到美国这块殖民地土地上。12月15日，美国国会为表彰战功卓著的将领，设置陆军五星上将衔，该军衔相当于其他国家的元帅军衔，麦克阿瑟是获得这种军衔的将领之一。

1945年2月，美军攻进马尼拉市，麦克阿瑟到圣托马斯和老比利比德监狱，探望5000名美军被俘人员。其中800名是巴丹半岛幸存下来的。

麦克阿瑟在回忆录里写道："在我的一生中充满了激动人心的场面。但我不记得哪一次比这一次更令人感动……当一个战俘气喘吁吁地说：'你回来了！'我回答说：

'我回来晚了，但我们到底回来了'"。

1945年4月6日，太平洋战区的美军进行了整编。美国总统罗斯福任命麦克阿瑟指挥太平洋战区所有的地面部队，尼米兹指挥太平洋上所有的海军部队，由空军上将阿诺德组建一支战略空军力量。1945年7月，在麦克阿瑟的统一指挥下，澳大利亚的陆军和海军配合美国第7舰队，占领了婆罗洲，控制了巴里巴板的油井和炼油厂，以切断日军的石油来源之一。在完成了婆罗洲战役之后，美国参谋长联席会议命令麦克阿瑟停止南进，因盟军将集中一切兵力攻打日本。

由于中国和亚洲各国人民坚持长期抗日及盟军在太平洋战场上的胜利反攻，1945年7月，日本法西斯已经是"人命危浅，朝不虑夕"了。8月6日和9日美国在日本本土广岛和长崎投掷了两颗原子弹。8月8日苏联出兵对日作战。8月15日，日本宣布无条件投降，第二次世界大战太平洋战区的战事结束了。

同一天，杜鲁门任命麦克阿瑟为盟国驻日本的占领军最高司令官。麦克阿瑟对任此职务深感荣幸，在他给杜鲁门致电中说："我对你如此慷慨地给予我的信任深为感谢……"在他回忆录里有这样的描述："此刻，堆在我面前的贺词、贺电和勋章多得无法计数……从最早的童年时代以后，我就未曾哭过。这时，我激动得热泪盈眶。"8月30日，麦克阿瑟乘飞机去日本横滨，当时它是占领军司令部所在地。

中苏美英四大国共商，任命麦克阿瑟作为盟军统帅代表盟军主持日本投降仪式，这一任命的意义非同寻常，它标志着一场战争的结束和全人类新生活的开始。麦克阿瑟将作为一个具有非凡历史意义时刻的象征而永载史册。

消息传来，美国海军将领尼米兹感到愤愤不平。在他看来，海军在太平洋战争中做出了比陆军大得多的贡献，而上述任命倒让麦克阿瑟争了头功，使他成为举世瞩目的人物，给人的印象好像日本主要是被他的部队打败的。为了挽回海军和尼米兹的面子，海军部长福雷斯特尔建议投降仪式由麦克阿瑟主持，其举行的场所则应在一艘海军军舰上；由麦克阿瑟代表盟国在投降书上签字，尼米兹则代表美国签字。上述建议得到杜鲁门的热情支持，因为那艘被选中的军舰正是其女玛格丽特以他家乡的州名命名的哈尔西的旗舰——"密苏里"号战列舰。哈尔西在得知他的旗舰将成为具有历史意义的签字场所后异常高兴。他特意向海军学院博物馆发电，请求把1853年马休·佩里将军的旗舰进入东京湾时悬挂的国旗借给他。马休·佩里是美国海军将领。为打开日本门户于1853年7月率美舰驶入东京湾，胁迫日本于次年3月签订了两国间第一个不平等条约。哈尔西借到了国旗，并把国旗高高地挂在舰首，真是别具讽刺意味。

麦克阿瑟则紧张地为受降任务准备起来。为了这次投降仪式，尼米兹曾令海军修建大队在关岛为麦克阿瑟整修一艘专供陆军官员使用的登陆艇，用它把麦克阿瑟载向停泊在横须贺外海的"密苏里"号。但当他派人把这艘登陆艇送交麦克阿瑟时，麦克阿瑟却说："太小了，我不乘这个小玩意跑20海里。"尼米兹可能不知道，其他大多数军官、新闻记者甚至日本特使都将乘驱逐舰去"密苏里"号，而堂堂的盟军最高统帅却乘坐小小的登陆艇，骄傲的麦克阿瑟怎么会接受呢？

麦克阿瑟还通知参谋人员让尼米兹知道，他希望在"密苏里"号上悬挂他的将旗。但根据传统，舰的主桅只升上舰的最高海军军官的将旗。最后，尼米兹的副官拉马尔想了一个解决办法，即把麦克阿瑟的红色将旗和尼米兹的蓝色将旗并排升到主桅上。把两面将旗一齐升到同一根桅杆上，这在海军历史上还是第一次。

9月2日,星期天,天空阴云密布,凉气袭人。清晨,"密苏里"号的水兵们在旗杆上升起一面曾在1941年12月7日开战那一天,飘扬在美国国会大厦上空的国旗。7点半左右,各国记者坐一艘驱逐舰来到"密苏里"号。8点刚过,"尼古拉斯"号驱逐舰把盟国陆海军高级军官送上"密苏里"号。几分钟后,尼米兹及其一行也到了。主桅升起他的蓝色将旗,扩音器里响起"海军上将进行曲"。这时,整个"密苏里"号上任何能立住脚的地方都站上了人,有的水兵和记者甚至爬到桅杆、烟囱和炮塔上。各国代表和将领穿着整齐的制服,佩戴着五颜六色的勋章和绶带,把甲板映衬得喜气洋洋。

8点40分,麦克阿瑟及其随行人员乘"布坎南"号驱逐舰到达。他的红色将旗在乐声中冉冉升起,与尼米兹的蓝色将旗并排飘扬,显得格外壮观、醒目。8点55分,早已等在附近的载有日本代表的"兰斯多恩"号驱逐舰接到信号后开了过来。当这一行人终于登上甲板时,舰上所有的人都注视着他们。代表团成员之一加濑俊一事后写道:"千万只眼睛像千万枝利箭疾风狂雨似的射向我们。我感到它们的锋芒射入我的身躯,引起了一阵剧痛。我还从来没有感受到瞪着眼睛的目光能这样厉害地伤人。我们就像一群做错了事的孩子那样等待着威严的老师，在众目睽睽之下立正等了几分钟，每过一分钟就好像过了几个世纪一样。"

9时许，随着一声"全体立正！"舰上立即肃静下来。接着，扩音器里传出牧师的祈祷和美国国歌《星条旗永不落》。在乐声中，仪式开始了。而后日本代表、麦克阿瑟、战胜国的代表们依次签字。几分钟后，仪式结束了。在蔚蓝的海面上，乌云散开，阳光从云缝中照射下来。近2000架美国飞机从天际隆隆飞来，在"密苏里"号上空掠过，形成一幅雄伟壮观的画面。当日本代表团离开时，他们受到例行的礼遇，以表明他们现在已不是敌人了。送走日本人后，麦克阿瑟来到另一个麦克风前，向美国公众发表了广播演说：

"今天，枪炮沉默了，一场大悲剧结束了，一个伟大的胜利赢得了。天空不再降临死亡，海洋只用于贸易交往，人们在阳光下可以到处行走。全世界一片安宁和平，神圣的使命已经完成……我们体验了失败的痛苦和胜利的喜悦，从中领悟到绝不能走回头路。我们必须前进，在和平中维护在战争中赢得的东西。"

战争结束了，麦克阿瑟留在了日本。在美国历史上，从来没有哪一个人像麦克阿瑟那样在战后的日本被赋予如此重大的责任。作为盟军的最高司令官，年已65岁的麦克阿瑟是一个拥有7500万人口的国家的"太上天皇"、独裁者，他的权力是至尊无上的。他保持这一地位达5年零7个月之久，直至1951年4月11日。受降仪式6天之后，麦克阿瑟和总司令部迁往东京。他把原美国大使馆大院作为他私人官邸，司令部设在东京商业区第一大厦———家日本大保险公司的大楼上。麦克阿瑟选中六楼的一个带空调的小房间作为他的办公室，据说这里原来是一间储藏室。他把办公室当作一个幽闭独处的场所，连部电话也不安。室内布置得也很简单，只有一套旧沙发，一张办公桌和一个书柜，唯一的装饰是墙上挂着华盛顿像和林肯像，以代表念念不忘他一生中崇拜和尊敬的仅有的两个人。

当时对麦克阿瑟来说，面临的局势是严峻的，正如他在回忆录中所说的："我面临着一生中最困难的境地。权力是一回事，而如何支配权力又是一回事，我的军事专业学识不再是一个重大因素了。我不得不做一个经济学家、政治科学家、工程师等等。"美国占领日本的基本政策主要反映在1945年9月23日发表的《对盟军占领管制日本最高统率部受降的基本指示》中，这个文件的内容表明，美国不但要单独占领日本、成为日本的最高统治者，而且要把战败的日本变成美国独霸世界的工具，麦克阿瑟为了要使日本"不再成为美国的威胁"，为了要"最后建立一个以支持美国为目的而负责的政府"，相继采取了一些后来称之为"民主改革"的措施，如清洗军国主义分子，审判战犯，解散财阀集团，制定新宪法，进行"土地改革"、"经济改革"、"教育改革"等等。这些改革的目的是为了迫使日本统治者在政治上、经济上从属美国。但在客观上，这些改革措施打击了封建势力，对战后日本的经济和社会发展起了促进作用。

麦克阿瑟成功地使日本从封建军国主义又走向现代民主主义。在占领日本期间，他把天皇的权威转到自己手中，使用专制独裁的手段使日本永远摆脱了专制独裁。在这一点上，麦克阿瑟可算得上是一位英明的政治家，他把资产阶级民主强加于日本人，从而造就了战后的新日本。

麦克阿瑟所推行的改革对战后的日本历史产生了极深远的影响。在他被解职时，吉田茂首相在全国发表的广播讲话中动情地说："麦克阿瑟将军为我国利益所作的贡献是历史上的一个奇迹。是他把我国从投降后的混乱凋敝的境地中拯救了出来，并把它引上了恢复和重建的道路，是他使民主精神在我国社会的各个方面牢牢扎根。"对他推行的改革，麦克阿瑟曾不无得意地举例说："在一个几年前在观念上还几乎完全是军国主义的社会里，我们发现大多数儿童现在最感兴趣的是职业和日常世界。实际上，在几百个儿童中，对军人生涯感兴趣的只有一个，而这个儿童想当麦克阿瑟将军！"

50年代，朝鲜战争爆发了。这是一场美国借助南朝鲜李承晚政权攻打北朝鲜的侵略性战争。杜鲁门任命麦克阿瑟为侵略军总司令。为了抗美援朝保家卫国，以彭德怀为司令员的中国人民志愿军应邀入朝参战，雄赳赳跨过鸭绿江奔赴朝鲜战场。

尽管自大的麦克阿瑟根本没把彭德怀放在眼里，然而他所领导的军队再不是二战时充满正义的保卫和平之师。终于，美国军队节节败退，"盖世英雄"麦克阿瑟失败了。1951年4月11日，杜鲁门宣布撤销麦克阿瑟的一切职务。五星上将麦克阿瑟52年的军事生涯在朝鲜战场上画上了句号。

1964年4月5日，84岁的麦克阿瑟在妻儿的陪伴下，无限感伤但却安然地离开了人世。在军号手吹起的熄灯号声中，这位曾叱咤风云的"老兵"被放进了墓穴，长眠于地下。